KB094414

일러두기

1. 문헌에 소개된 괴물 이름은 본문에 그대로 기재했고, 문헌에 소개되지 않은 괴물 이름은 기록에 나온 특징을 바탕으로 저자가 작명하여 기재했으며, 본문에서는 이를 우측 페이지의 보라색 아이콘(●)으로 표시했다(부록에서는 보라색 부적으로 표시했다).
2. 괴물이 소개된 문헌의 내용은 근본적인 문맥을 해치지 않는 선에서 읽기 쉽게 정리했다.

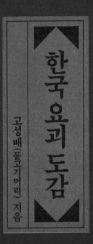

한국 요괴 도감

고성배(물고기머리) 지음

위즈덤하우스

우리가 몰랐던
한국의 판타지를 찾아서

어렸을 때부터 일본 만화책을 읽으며 자주 낄낄댔다. 그때 보던 만화들은 주로 신묘한 주인공이 일본 요괴를 물리치는 퇴마물이었는데, 챕터마다 등장하는 요괴들은 수없이 바뀌었다. 책을 다 읽고 난 후에 생각했다. '일본은 대단한 요괴국이구나. 왜 우리나라에는 이런 요괴나 괴물이 없을까?'

하지만 수많은 책과 각종 자료를 찾으며 알게 된 것은, 우리나라에도 다른 나라 못지않게 독특한 개성을 가진 괴물들이 많다는 점이었다. 없던 게 아니라 몰랐을 뿐이다. 그래서인지 책을 만들면서 그동안 몰랐던 괴물과 귀물, 신들이 가득한 세상을 거니는 기분이었다.

이 책《한국 요괴 도감》에서 소개한 괴물들은《삼국유사》,《삼국사기》를 시작으로《용재총화》,《어우야담》등의 고문서부터 다양한 민담까지를 바탕으로 수록했다. 되도록 객관적인 내용을 담으려고 했으며, 사건보다는 문헌이나 참고자료에 충실하려고 했다. 또 문헌에 등장하는 이름 없는 괴물이나 귀물들은 상황이나 배경, 성격에 따라 임의로 이름을 붙여보았다. 이 점에 대해서는 넓게 이해를 부탁드리는 바다.
자료를 읽다 보면 문헌마다 정보가 조금씩 다른 괴물도 있었다. 예를 들어 구미호나 두억시니, 도깨비 등 민담을 기반으로 전해져온 괴물들이 그렇다. 이런 경우 최대한 다양한 자료를 함께 소개했으니 염두에 두고 읽으면 좋을 것 같다.

이 책은 네 장으로 구성돼 있다. 첫째는 육신이 존재하여 만져지며, 짐승 혹은 사람처럼 생긴 '괴물'에 대한 장이다. 괴물은 형태나 성질, 습성에 따라 다시 분류했는데 두 발로 걷는 인간과 유사한 '인간형', 맹수나 동물을 닮은 '짐승형', 물고기와 유사한 '어류형', 새와 닮은 '조류형', 곤충에 속하는 '벌레형', 자연에서 생겨나는 '자연형', 식물의 형태를 띤 '식물형', 사물과 같이 생긴 '사물형' 등이 그것이다. 둘째는 혼백이거나 자연의 정기에 의해 만들어진 '귀물'에 대한 장이다. 셋째는 일반적인 상식에서 벗어난, 독특한 능력을 갖춘 물건들을 다룬 '사물'에 대한 장이다. 마지막 넷째는 오래전부터 인간과 함께해온 한국의 '신'에 대한 장이다. 신또한 성격에 따라 몇 가지로 분류했는데, 각 분류별로 어떤 성격, 어떤 형태의 신이 있는지 찾아보는 것도 이 책을 즐기는 좋은 방법이 될 것이다.

《한국 요괴 도감》은 크라우드 펀딩을 통해 제작된《동이귀괴물집》

을 바탕으로 제작되었다.《동이귀괴물집》은 8,881명의 후원자와 약 1억 4천여만 원의 후원금으로 출간된 책으로, 기획 당시에는 한국 괴물에 대한 사람들의 관심이 이렇게 많을 거라고 전혀 예상치 못했다.

　이러한 관심은 후원이 종료된 이후에도 이어졌는데, 끊임없는 추가 제작 문의와 한정된 수량으로 인해 책값이 정가의 몇 배로 거래되는 현상을 접하고 단행본 출간을 결심하게 됐다. 물론 우리나라 괴물이 구미호나 처녀귀신밖에 없다는 편견을 깨고 더 많은 분께 다양한 괴물을 소개하고 싶다는 마음도 더해졌고 말이다.

　그렇기에 이 책은《동이귀괴물집》을 알아봐 준 후원자들의 노고가 절반, 위즈덤하우스의 편집팀과 디자인팀의 노고 절반으로 제작됐다고 말할 수 있을 것이다. 나는 그 노고에 펜만 얹었을 뿐이다.

　이 책을 통해 많은 작가, 제작자, 디자이너, 스토리텔러들이 한국 괴물에 더 많은 관심을 갖고 더 많은 서브컬처 콘텐츠를 만들었으면 한다. '서양검' 휘두르고 '마법'을 쓰며 '드래곤'을 잡는 용자의 이야기보다 '환도'를 쥐고 '녹두알'로 병사를 만들며 '도깨비'를 잡는 이야기들이 더 많아졌으면 한다.

　　전국의 판타지 덕후들과 오컬트 마니아들이여, 이제 이 책의 뒷이야기는 그대들에게 달렸다. 이 괴물들이 많은 이들에게 기억되고, 살아 숨 쉴 수 있도록 새로운 신화를 써주길 바란다. 그것만으로도 이 책은 충분히 값어치를 하는 것이니.

怪

괴물이란 '괴상한 생물'을 의미한다. 인간이나 짐승처럼 형체가 존재하여 만져
지며, 혼백을 가지고 있다. 또 일반적인 인간이나 짐승처럼 육식, 채식, 잡식 등
을 한다.

1 ◇ 괴물

좌측의 큰 아이콘은 '괴물'을 의미하며, 분류에 따라 하단의 아이콘을 함께 표시했다. 여기서는 그 형태나 성질에 따라 인간과 유사한 '인간형', 맹수나 동물을 닮은 '짐승형', 물고기와 유사한 '어류형', 새와 닮은 '조류형', 곤충에 속하는 '벌레형', 자연에서 생겨나는 '자연형', 식물의 형태를 띤 '식물형', 사물과 같이 생긴 '사물형'으로 분류했다.

짐승형

짐승형+식물형

인간형

인간형+짐승형

인간형+벌레형

인간형+조류형

인간형+어류형

인간형+식물형

인간형+자연형

벌레형

조류형

어류형

어류형+짐승형

식물형

자연형

사물형

감돌이

감돌이 설화에 등장하는 괴인간으로,
'감동이'라고도 불린다.
한 쌍(두 개)이 달린 인체 기관이 한 개씩만 달린 반쪽 인간이다.
반쪽짜리 기이한 감을 먹어 잉태됐는데,
보통 인간과 다르게 무술과 힘이 뛰어나다.
만약 온전한 감을 먹고 잉태됐다면 상상을 초월하는 능력을 보여줬을 수도 있다.
이 기이한 감은 이상한 감 장수가 아이를 가질 수 있다고
호객하여 판 것인데, 주의점을 자세히 알려주지는 않는다.
이 감은 햇볕이 들지 않는 상온에서 보관해야 하며
상하지 않도록 주의해야 한다.

분류 • 괴물(인간형)	출몰 지역 • 미상	출몰 시기 • 미상	기록 문헌 • 《조선민담집》
특징 • 몸의 모든 기관이 한 개씩만 있다. 힘이 매우 세다.			

문헌

▌《조선민담집》에 기록된 감돌이에 대한 내용은 다음과 같다.

어느 부인이 나이가 마흔이 되도록 아이가 없었다. 이를 항상 슬퍼했는데 어떤 이상한 감 장수가 감을 보여주며 "이 감을 먹으면 아이를 가질 수 있소"라고 하는 것이다. 여인은 반신반의하며 감 한 개를 구입했고, 볕이 들지 않는 찬장에 보관했다. 하루는 찬장을 열어보니 쥐가 감의 반쪽을 먹어버렸고, 여인이 나머지 반을 먹었다. 감을 먹은 지 10개월 만에 여인은 아이를 잉태했는데 팔, 다리, 눈, 머리까지도 모두 반쪽인 사내아이를 낳았다. 사람들은 이 아이를 '반쪽이' 혹은 '감돌이'라 불렀다. 감돌이는 아이 때부터 힘이 매우 셌는데 씨름뿐 아니라 궁술, 마술, 검술 등에도 뛰어났다. 스무 살이 돼서는 적군을 물리치고 왕이 되기도 한다.

갑산괴

나라에 어지러운 일이 생길 때 등장하는 괴물로, 일식과 함께 나타난다.
함경남도에 위치한 갑산에 한 번 등장한 이력이 있다.
기괴하고 무서운 형상을 하고 있는데, 기록에 따르면 눈은 부릅떴고
이빨은 톱니 같다고 한다. 또 머리카락은 흐트러져 있고 한 손에는 활,
한 손에는 불을 쥐었다고 한다.
이 괴물을 퇴치하는 방법은 따로 알려져 있지 않고,
북을 치고 활을 쏘면서 물러가기를 비는 수밖에 없다.
갑산괴를 물리치기 위해 허봉이 쫓는 글을 지었다는 기록도 있다.
이 괴물이 등장하면 10년 내에 나라에 좋지 않은 일이 생기니
반드시 이에 대비해야 한다.

분류 • 괴물(인간형)	출몰 지역 • 갑산	출몰 시기 • 조선 중기	기록 문헌 • 《연려실기술》
특징 • 기괴한 생김새를 하고 있으며, 나라에 우환을 가져온다.			

문헌

▌《연려실기술》15권에는 갑산괴에 대한 이야기가 짧게 실려 있다. 이
를 정리하면 다음과 같다.

16년 계미 11월 1일에 일식이 일어났다. 그와 함께 갑산에 괴물
이 등장했다. 눈은 부릅뜨고 이빨은 톱니와 같았으며 머리카락은 산
발인 채 흐트러져 있었다. 그 괴물은 왼손에는 활, 오른손에는 불을 쥐
고 있었는데, 이를 기이하게 여겨 고을에서는 군사를 동원하여 북을
치고 활을 쏘며 물러가길 빌었다. 당시 허봉이 귀양에 가 있었는데 이
여귀(전염병을 일으키거나 억울한 죽음을 당한 귀물)를 쫓아내는 글을 짓기
도 했다. 수암 박지화가 듣고 말하기를 "10년 내에 나라에 어지러운
일이 생길 징조다. 남쪽에서 그 나쁜 기운이 올 것이다"라고 했다. 그
후 임진년에 왜란이 있었다.

강길

비가 오면 등장하는 괴물로, 비바람을 타고 나타난다.
말의 꼬리와 같다는 기록이 있는데 이로 보아 기다랗게 흩날리는 형태일 것으로
추정된다. 길이는 2길(1길은 사람 한 명의 크기로 약 1.8m) 정도다.
크지는 않지만 날아다닐 때 톱으로 써는 소리가 들린다.
강길은 '화룡'이라고도 불리는데, 불의 기운이 매우 강해서 지나가기만 해도
곡식이 바스라지기 때문이다. 또 엄청난 바람을 동반하면서 등장해
가옥의 지붕과 기둥이 다 날아가 버리기도 한다.
그 기운이 강해 사람을 기절시킬 정도다.
강길은 '강철이'와 많이 비교하지만 생김새나 특성을 보아
다른 개체일 것으로 추정된다.

분류 · 괴물(짐승형)	출몰 지역 · 의주 용천	출몰 시기 · 조선 후기	기록 문헌 · 《연도기행》
특징 · 불과 바람의 기운을 가진 괴물로, '화룡'이라고도 불린다.			

문헌

▌《연도기행》 상권에 효종 7년, 강길에 대한 기록이 등장한다. 그 내용은
다음과 같다.

아침에 용천에서 한 요괴에 대한 소문을 들었다. 17일 비바람과
함께 왔는데 마치 말의 꼬리와 같았다고 한다. 또 지날 때면 톱을 써는
소리가 들렸고, 길이는 두어 길 정도다. 이름은 강길인데 화룡이라고
불린다. 마을에 들어서면 집의 대들보와 기둥을 모두 날려버리고 지
나가는 길의 곡식은 모두 말라 바스러지는데 사람이 기절까지 하게
된다고 한다. 의주의 부윤(지방 관청인 부[府]의 우두머리)에게 이 말을
했더니 남면 마을 집에는 한 아이가 강길 바람에 날아가 아직도 찾지
못했다고 했다.

강철이

독룡(독기를 품은 용)의 일종.
용을 잡아 그 뇌를 먹을 정도로 무서운 식성을 자랑한다.
'독룡'이라는 말에 커다란 용의 모습을 한 괴물을 생각할지 모르겠지만,
목격담을 통해 강철이는 확연히 네발 달린 짐승들에 비유되고 있다
(용과 닮았다는 추정 기록도 소량 존재는 한다).
생김새는 소나 말과 비슷하고 비늘 갈기가 있다.
귀는 뾰족하고 길어 마치 토끼 같기도 하다. 바람과 비, 우박을 몰고 다니는
우리나라 특유의 괴수로, 검은 구름 속에서 나타나 형상을 제대로 보기 쉽지 않다.
지나가기만 해도 곡식들이 해를 입고 땅에 독기가 든다.
소변에 닿기만 해도 살이 썩어 들어가니 되도록
몸에 닿지 않도록 조심해야 한다.

분류 • 괴물(짐승형)	출몰 지역 • 바다 인근	출몰 시기 • 조선 시대	기록 문헌 • 《천장관전서》,《열하일기》,《학고집》,《성호사설》등
특징 • 굉장히 악독하다. 독기로 모든 것에 피해를 준다.			

문헌

▌《천장관전서》57권에 중국 고서에 기록된 '후(吼)'라는 괴물이 우리나라의 강철이라는 추측이 등장한다. 실제로 생김새가 매우 유사하다.

숙종 12년 여름, 한 괴물이 바닷속에서 용을 쫓아 3일간을 싸웠다. 세 교룡과 두 용이 싸웠으나 괴물은 용 하나와 교룡 둘을 죽이고 자신도 죽어 산곡(산모퉁이)에 떨어졌다. 그 괴물은 길이가 한두 장(성년 남자의 키가 한 장 정도)이며 형상은 말과 비슷했으며 비늘 갈기가 있었다. (중략) 괴물의 소변이 몸에 닿으면 그 부위가 썩어 들어갔는데, 이 괴물이 우리나라에서 말하는 강철이다.

▌《열하일기》,《학고집》등 강철이를 언급한 기록이 많지만 대체로 묘사가 비슷하다. 다음은《성호사설》〈만물문〉편에 언급된 강철의 묘사다.

강철은 생김새가 소와 흡사한데, 바람과 비를 몰고 다닌다. 온갖 곡식이 피해를 입어 "강철이 지나가는 곳에는 가을철이 봄처럼 된다"는 말이 있다.

거구괴

큰 입을 벌리고 있는 괴물이다. '거구귀'라는 이름이 인터넷에 알려져 있지만,
《어우야담》에는 귀신이 아닌 괴물의 느낌으로 기록돼 있다.
젊은 시절 신숙주가 목격했는데,
입이 어마어마하게 커 윗입술은 하늘에 닿고 아랫입술은 땅에 붙을 정도다.
거구괴는 엄밀히 말하면 탈 것에 가깝다.
거구괴의 입안으로 들어가면 푸른 옷을 입은 청의동자를 만날 수 있기 때문이다.
신선이 학을 타고 다니듯 청의동자도 거구괴를 타고 다니는 것으로 추정된다.
청의동자는 길흉화복을 맞추는 신묘한 재주를 가졌다.
날씨도 어느 정도 통제할 수 있는 것으로 보인다.

분류 • 괴물(짐승형)	출몰 지역 • 미상	출몰 시기 • 조선 초기	기록 문헌 • 《어우야담》
특징 • 입이 매우 크고, 청의동자를 태워 나른다.			

문헌

▌《어우야담》에는 거구괴와 신숙주의 만남이 기록돼 있다.

신숙주가 알성시(문·무과시험)를 보러 가던 중, 길 한가운데서 괴물을 만났다. 그 괴물은 입을 벌리고 있었는데 윗입술은 하늘에, 아랫입술은 땅에 붙어 있었다. 같이 가던 친구는 도망을 가고 신숙주는 그 입 한가운데로 걸어 들어갔다.

안에는 푸른 옷을 입은 동자가 하나 있었는데 신숙주가 들어서자 절을 했다. 동자는 신숙주를 따라다니며 길흉화복을 빠짐없이 말해 주었다. 그가 말하는 대로 행하면 불길함이 없었고 배를 건널 때에도 바람이 없이 파도 또한 잔잔했다.

거대하

거대한 새우로, 너무 커서 상상을 초월할 정도다.
거대한 바다 깊은 곳에 살아서 그 크기를 가늠하기도 쉽지 않다.
민담으로 전해지는 바에 의하면 뿔이 커다란 나무기둥 같으며,
새가 하루 종일 날아도 뿔과 뿔 사이를 오갈 정도라고 한다.
딱히 인간에게 해를 끼친다는 기록은 없지만 크기만으로도 위협적인 괴물이다.
생김새는 일반 새우와 같으며,
고래보다 더 커 바다에서 가장 큰 동물로 알려졌다.

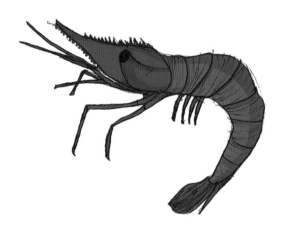

분류 • 괴물(어류형)	출몰 지역 • 심해	출몰 시기 • 미상	기록 문헌 • 《조선민담집》
특징 • 거대한 새우, 크기가 상상을 초월한다.			

문헌

▌《조선민담집》에 기록된 거대하의 내용을 정리하면 다음과 같다.

바다에는 거대한 것들이 많이 있다. 특히 고래보다 큰 것들도 많이
있다. 한날, 제비 한 마리가 비행하던 중 잠시 쉬기 위해 바다 위에 있는
큰 나무기둥에 앉았다. 잠깐 쉰 제비는 열심히 날아 해가 떨어질 때쯤
다시 쉬기 위한 곳을 찾았다. 이전과 같은 나무기둥을 발견한 제비는
잠깐 또 그곳에서 머물렀다. 사실 제비가 앉은 곳은 거대한 새우의 뿔
이었다. 열심히 날았지만 실은 제비는 뿔과 뿔 사이를 오간 것이다. 바
다 깊은 곳에 있는 새우는 오히려 고래보다도 더 크다고 전해진다.

거루

대무신왕이 타던 고구려 말이다. 말들의 왕이며 신마(神馬)로,
삼국지 등에 나오는 적토마와 비견될 정도의 명마로 추정된다.
원래는 왕이 골구천 부근에서 사냥하다 발견하여 '거루'라고 이름을 붙였다
(혹자는 거루를 말을 뜻하는 '걸'로 해석하기도 한다).
한 번은 전쟁 중에 잃어버렸으나 후에 백여 필의 말을 이끌고 찾아왔다.
그만큼 다른 말들을 통솔하는 리더인 셈이다.
거루라는 말에 대한 자세한 기록은 없지만,
고구려 말의 특성을 살펴보면 대략적인 짐작이 가능하다.
고구려 말들은 '과하마'라 하여 과수원 밑을 지날 수 있을 정도로
체구가 작은 것이 특징이다.
또 산악 지형에서 잘 넘어지지 않고 버틸 수 있는 지구력을 가지고 있다.
거루도 이러한 신마로 추정된다.

분류 • 괴물(짐승형)	출몰 지역 • 고구려 골구천 부근	출몰 시기 • 삼국 시대	기록 문헌 • 《삼국사기》
특징 • 고구려 말들의 왕.			

문헌

❚《삼국사기》14권에 신마 거루에 대한 유일한 기록이 있다.

　　3년 9월, 왕이 골구천에서 사냥하던 중 신마를 얻어 거루라 이름
지었다. (중략) 왕은 허수아비를 만들게 하고, 허수아비에게 무기를 쥐
어주어 군영에 세워놓아 병사로 보이도록 위장했다. 그 후 사잇길을
따라 비밀스럽게 움직이며 밤에 탈출했다. 하지만 골구천에서 얻은
신마 거루와 비류수 가에서 얻은 큰 솥은 잃어버렸다. (중략) 3월, 신비
로운 말 거루가 부여의 말 백 필을 거느리고 학반령 아래 차회곡으로
찾아왔다.

골생충

뼛속에서 사는 벌레로, 크기는 엄지손가락만 하다.
뼛속에서 살기 때문에 제거하려면 뼈를 부수고 골수가 흘러내리는 중에
꺼내야 한다. 골생충이 뼛속에 있으면 그 고통을 견딜 수 없는데
차라리 죽는 게 나을 정도다.
골생충은 생존력도 뛰어난 편으로, 펄펄 끓는 기름 속에서도 잘 죽지 않는다.
문헌에서는 기름이 다 타버린 후에야 죽었다고 전해진다.
'해서설', '삼충'과 더불어 인간에게 병을 유발하는 지독한 벌레며,
어떻게 뼛속에 생기는지 아직 알려지지 않았다.
다만 정강이와 다리 쪽에 자주 생기는 듯하다.

분류 • 괴물(벌레형)	출몰 지역 • 뼛속	출몰 시기 • 조선 초기	기록 문헌 • 《어우야담》
특징 • 뼈 안에 자리 잡아 통증을 발생한다.			

문헌

▌《어우야담》에는 한명회와 골생충의 이야기가 기록돼 있다.

한명회는 병을 앓았는데, 정강이뼈 사이가 아픈 병이라 참을 수가 없었다. 이에 더는 살 수 없으리라 판단하고 "어차피 죽는 것은 마찬가지다. 그럴 바엔 내 정강이뼈를 잘라 안에 들어 있는 벌레를 죽이고 나도 죽겠다"고 말했다. 이에 돌계단 위에 다리를 놓고 종에게 시켜 큰 돌로 정강이를 찍어 부러뜨리게 했다. 겁을 먹은 종이 쉽게 하지 못하니 한명회는 활로 위협하며 빨리 하라고 재촉했다. 종이 할 수 없이 돌을 내리쳐 뼈를 부러뜨리니 부시져 골수가 흘러내렸다. 한명회는 손으로 뼛속을 더듬어 엄지손가락만 한 벌레를 찾아 꺼내 들었다. 그 후 솥에 기름을 넣어 팔팔 끓인 후 벌레를 넣었지만 죽지 않고 오랜 시간 살아 있었다. 기름이 다 타고 나서야 벌레는 비로소 사망했다. 한명회 또한 함께 사망했다.

괴오공

거대한 크기의 괴이한 지네. 한곳에 머무르면서 인간을 죽이는데
독이 무기인 것으로 추측된다.
지나갈 때마다 쿵쿵, 스르륵 등의 소리가 나며 지붕 등 높은 곳에 머문다.
싫어하는 것은 담배 연기인데, 담배 연기가 자욱한 곳에서는
앞뒤 분간을 못 하며 도망가기에 바쁘다.
괴오공은 독특한 요술도 부린다. 자신이 죽을 지경에 이르면
누군가를 표적 삼아 죽일 수 있는데, 표적의 이마에는 붉은 점이 새겨진다.
이 점은 그린 것이 아니기에 어떠한 수를 써도 지우기 어렵다.
점을 지우는 방법은 아이를 갖는 것인데 남녀가 동침하면 자연스레 사라진다.
다만 이렇게 태어난 아이는 기이한 힘을 가질 수 있다.

분류 • 괴물(벌레형)	출몰 지역 • 미상	출몰 시기 • 조선 후기	기록 문헌 • 김자점 설화
특징 • 인간을 해치는 지네로, 담배 연기를 무서워한다.			

문헌

▌ 김자점 설화에는 괴이한 지네가 등장한다. 그 지네의 화신이 김자점
이라는 말이 있는데 내용은 다음과 같다.

인조반정 때 한 사또가 고을에 부임했다. 부임하자 관리들이 걱
정했는데 이유는 부임만 하면 첫날밤에 죽기 때문이다. 사또는 이야
기를 듣고 담배와 명주실을 구해두었다. 그리고 그날 밤 방 안에 담배
를 뭉게뭉게 피웠다. 연기로 눈앞이 보이지 않았으나 쿵쿵대는 소리
와 문이 열리는 소리 그리고 기어다니는 소리가 들렸다. 사또는 재빨
리 명주실을 그것에 걸었고 그 괴생물체는 도망쳤다. 사또가 명주실
을 따라가 보니 지붕 위로 이어져 있었고, 지붕을 찌르자 무언가가 떨
어졌는데 큰 지네였다. 사또가 이를 잡아 삶으려 불을 때자 사또의 이
마에는 붉은 점이 생겨 지워지지 않았다. 이에 삶는 것을 멈추고 집으
로 돌아왔고 그날 밤 부인과 동침하니 점이 사라졌다. 그리고 후에 낳
은 아이가 바로 김자점이다.

구렁덩덩신선비

민담 구렁덩덩신선비 설화에 등장하는 구렁이.
노파가 낳은 뱀으로 인간의 말을 할 줄 알고, 양팔이 달려 있다.
인간과 결혼하여 허물을 벗으면 인간처럼 보이는데, 허물을 벗는 방법이 다소
기괴하다. 간장과 밀가루에 차례로 들어가 몸을 적신 후에 씻어내는 것이 그것.
허물을 벗으면 미남자로 변신한다. 구렁덩덩신선비에게 허물은
중요한 의미를 갖는데, 이는 인간계에서의 결혼반지나 결혼 서약서 정도의
의미로 보면 된다. 만약 허물을 태우거나 손상시키면 이에 실망하여
배우자를 떠난다. 다른 뱀 괴물들과 다르게 오랜 수련을 거쳐
인간화되지 않는다는 점이 이 괴물의 독특한 특징이다.

분류 • 괴물(인간형+짐승형)	출몰 지역 • 미상	출몰 시기 • 미상	기록 문헌 • 민간 설화
특징 • 뱀의 모습으로 태어났다. 허물을 벗으면 인간이 된다.			

문헌

▌구렁덩덩신선비 설화는 지역마다 다르지만 주된 맥락은 다음과 같다.

어느 옛날 한 노파가 아이를 잉태했는데 이는 구렁이였다. 옆집에서 이를 구경왔는데 첫째 딸과 둘째 딸은 더럽다고 했고, 셋째 딸만이 "구렁덩덩신선비를 낳았네"라고 했다. 이에 구렁이는 어머니를 시켜 셋째 딸에게 청혼서를 보낸다. 어머니가 반대했지만 그렇지 않으면 한 손에 불, 한 손에 칼을 들고 다시 뱃속으로 들어가겠다고 협박하니 속수무책이었다.

결국 혼인이 이루어졌는데, 첫날밤 구렁이가 간장독과 밀가루 물에 차례로 들어가더니 미남자로 변했다. 두 언니는 이를 시기하여 구렁선비가 과거를 보러 간 날 그의 허물을 태워버린다. 구렁선비는 이를 알아채고 자취를 감춘다. 막내딸은 구렁선비를 찾으러 길을 떠나는데 찾아낸 그는 이미 새 결혼을 한 뒤였다. 막내딸은 새 부인과 대결하여 이겼고 다시 구렁선비와 재결합하여 행복하게 살았다.

구마

구마는 '개'와 '말'의 한자 합성어로,
생김새가 큰 삽살개 같고 망아지를 닮아 임의로 붙인 이름이다.
《조선왕조실록》에 기록된 괴물로, 다른 어떤 괴물과 일치하는 것이 없다.
주로 밤에 등장하는데 검은 기운을 뿜으며 수레와 같은 소리를 낸다고 한다.
사람을 해치며 성격은 포악한 편이다. 또 비린내가 나기도 한다.
《조선왕조실록》에 수차례 목격담이 있으나 너무나 빠른 움직임 때문에
정확히 묘사된 기록은 없다. 다만 출현 기간이 중종 시기에 집중돼 있고,
그 후에는 더 이상 목격되지 않는다.
실제로 구마 때문에 많은 백성과 궁궐 안의 사람들이 무서워했다고 한다.

분류 •	출몰 지역 •	출몰 시기 •	기록 문헌 •
괴물(짐승형)	도성 인근	조선 초기	《조선왕조실록》

특징 •
검은 기운을 내며 사람을 해친다.

문헌

▌《조선왕조실록》에 기록된 구마에 대한 내용은 다음과 같다.

간밤에 소라를 부는 갑사(악기를 다루는 군인) 한 명이 가위에 눌려
기절하자 동료들이 치료를 청하느라 정신이 없었습니다. 제군들이
일시에 일어나서 보는데 생긴 것은 큰 삽살개 같고 크기는 망아지 같
은 괴물이 방에서 나와 서명문으로 향했습니다. 그리고 서소위 부장
의 첩보를 들어봐도 충산위청 모퉁이에서 큰 소리를 내며 자신에게
달려들었다 합니다. 취라치 방에는 비린내가 나고 있었습니다.

▌《조선왕조실록》에 인종 1년 7월 2일의 기록도 남아 있다.

중종이 승하하는 날 "괴물이 밤에 다니며 지나는 곳엔 검은 기운
이 캄캄하다. 수레가 가는 듯한 소리가 난다"라고 기록돼 있다.

구미호

꼬리가 아홉 개 달린 여우. 중국과 일본,
우리나라에 모두 알려진 괴물이다.
인간으로 변하여 인간의 간을 빼먹는 존재로
여우가 500년을 살면 꼬리가 갈라지고, 아홉 개가 되면
불사의 존재가 된다고 전해진다. 성격이 교활하고 간악하여
홀리게 되면 정신을 못 차리는데 이때 간을 빼앗길 수 있다.
인간의 간을 100개 먹거나 이성의 인간과 100일을 지내면 사람이 된다
(이는 문헌에 등장하지는 않지만 구전으로 전해지는 한국 구미호만의 성격이다).
구미호는 사람으로 변하는 것 외에 사악한 요술을 부리기도 하는데,
죽은 이의 영혼을 깨우거나 여우 구슬을 사용해 살아 있는 혼령을 빼내기도 한다.
사냥개 특히 삼족구와 복숭아 나뭇가지를 무서워한다.

분류 • 괴물(인간형+짐승형)	출몰 지역 • 전국 각지	출몰 시기 • 시대 불문	기록 문헌 • 《의림촬요》및 민간 설화
특징 • 인간으로 변하여 간을 빼먹으려 한다.			

문헌

▌구미호의 이미지는 중국 구미호와 구전 설화가 만들어낸 것으로, 놀 랍게도 한국 문헌에서 구미호의 기록은 찾아보기 힘들다. 한 민담의 내용을 살펴보면 다음과 같다.

　　구미호가 남자로 변해 여자를 홀리자 여자가 시를 한 수 지어 달 라 부탁한다. 구미호는 이태백의 무덤을 파 영혼을 꺼내 시를 짓게 하 고 이를 건네준다. 여자는 시가 너무 뛰어남에 귀물임을 알고 사냥개 를 불러 여우를 죽인다.

▌강감찬 설화 중에 미남이 된 구미호를 복숭아 나뭇가지로 쫓아내는 장면이 있다. 이는 복숭아 나뭇가지가 귀신을 쫓아내는 힘이 있기 때 문이다.

▌《의림촬요》5권에는 구미호에 홀렸을 때 치료하는 방법이 있다. 인삼, 복신, 원지, 귀전우, 구절창포, 백출, 창출, 당귀, 벽도건, 웅황, 진사, 우 황, 금박 등을 섞어 가루를 내고, 술에 탄 후 쌀가루를 섞어 환을 만들 어 먹으면 된다.

귀소목

귀신이 붙어 휘파람을 부는 나무라는 뜻으로, 실제 괴물의 이름은 아니다.
목괴(나무 괴물)의 일종으로, 일반 목괴보다 더 등급이 높은 괴물이다.
이 기이한 나무는 하늘을 뒤덮을 정도로 거대하다.
게다가 귀신이 붙어 휘파람을 불고 밤에는 환한 불을 켜는 등 기이한 특성이 있어,
보는 이들의 오금을 저리게 한다.
기분이 나쁘다 하여 귀소목을 베는 것은 좋은 방법이 아니다.
나무를 베려 하는 순간 실성하고 미쳐버리기 때문이다.
미치면 되돌릴 방법은 단 하나인데, 귀신을 물리친다는 복숭아 나뭇가지로
미친 사람의 목을 가짜로 베는 척하는 것이다. 이를 회복하는 데는 3일이 걸린다. 이
순신이 한산도에서 귀신이 붙어 휘파람 부는 나무를 발견하는데,
귀소목과 동류인지는 불분명하다.

분류 • 괴물(식물형)	출몰 지역 • 파주	출몰 시기 • 조선 초기	기록 문헌 • 《용재총화》
특징 • 베려는 자를 미치게 한다. 귀신이 붙어 있다.			

문헌

▌《용재총화》에는 귀소목의 이야기가 상세히 기록돼 있다. 이 기록은 그의 외삼촌이 본 것을 듣고 기재한 것이다.

발견한 위치는 당시 서원, 현재의 파주다. 성현의 외삼촌이 당시 서원에 묵을 무렵 길옆에 고목이 있었는데, 하늘을 덮을 만큼 컸다. 그 나무는 날씨가 흐릴 때면 귀신들이 달라붙어 휘파람을 불기도 하고, 밤이면 환한 불이 켜져 오가는 사람들을 괴롭히곤 했다. 하지만 나무를 베려는 자들을 미치게 하는 괴이한 힘을 가지고 있어 베기가 쉽지 않았다. 마을에 한 소년이 용기를 내어 나무를 베고자 했으나 오히려 미쳐서 집으로 돌아왔고, 성현의 외삼촌은 이를 치료하기 위해 그 소년의 집으로 찾아갔다고 한다. 그는 "마을에 있은 지 200년이나 됐으면서, 밤에 불을 켜놓거나 휘파람을 불며 해괴망측한 일을 하더니 왜 마을 사람들을 괴롭히느냐! 도대체 무엇을 얻기 위함이냐!"라고 호통을 쳤고 복숭아 나뭇가지로 소년의 목을 거짓으로 베었다. 소년은 쓰러진 후 3일 만에 깨어나 다시 원래대로 돌아왔다.

귀수산

거북이의 생김새를 하고 산을 짊어진 괴물이다. 주로 동해바다에 서식하며,
등껍질 아래로는 물밑으로 잠수하여 그 형체를 보기 어렵다.
딱 한 번 신라 시대에 목격됐으며 우리가 흔히 아는 신성한 피리 '만파식적' 또한
이 귀수산이 짊어진 산에서 자라는 대나무로 제작한 것이다.
성질은 온순하며 누군가에게 해를 끼치기 위해 다니지는 않는 듯하다.
어떠한 메시지, 계시를 주기 위해 나타난다고 알려져 있다.
기록에는 거북 머리 모양으로 기록돼 있으나,
이는 머리 부분을 드러냈을 때 발견했기 때문으로 보인다.
몸집이 너무 커 가늠할 수 없을 정도며,
전하고 싶은 메시지를 다 전하면 사라진다.

분류 ·	출몰 지역 ·	출몰 시기 ·	기록 문헌 ·
괴물(짐승형+식물형)	동해 일대	삼국 시대	《삼국유사》

특징 ·
메신저에 가까운 괴물로, 온순하다.

문헌

▌《삼국유사》2권 〈기이〉 편에 귀수산에 대한 다음과 같은 기록이 있다.

임오년(서기 682년) 5월 초하루에 동해 가운데 작은 산이 있었는데 감은사 쪽으로 떠내려왔다. (중략) 왕은 그달 7일에 행차하여 산에 사람을 보내 알아보게 했다. 산은 마치 거북이 머리 같았고 그 위에 대나무 한 줄기가 있는데 낮에는 둘이요, 밤에는 하나로 합쳐졌다. 왕은 이 이야기를 듣고 감은사에서 하루를 묵었다. 오시경(오전 11시~오후 1시)에 갑작스레 대나무가 하나가 되더니 천지가 진동하고 폭풍우가 몰아쳤고 7일 동안 날이 어두웠다. 후에 왕이 배를 타고 신으로 들어가자 용이 검은 옥대를 바쳤다. (중략) 왕은 기쁜 마음에 용에게 금과 옥으로 보답했고 대나무를 베도록 명했다. 대나무를 벌목한 뒤 산을 빠져나오니 산과 용이 사라져 보이지 않았다. (중략) 왕은 대궐로 돌아와 대나무로 피리를 만들어 월성 천존고에 보관했다.

금강야차

백두야차와 동류로 추정된다. 발견된 적은 없지만,
푸른 털과 발자국으로 그 존재를 추정했다.
주로 봄여름에 금강산 사찰 스님들에 의해 흔적이 발견된 것으로 보아,
금강산에 거주하며 추위에 약한 것으로 보인다.
금강야차의 푸른 털은 사람의 키가 닿지 않는 높이에 붙어 있고,
한 자 반이 넘는 크기의 발자국이 발견되는 것으로 보아
푸른 털의 큰 덩치를 가진 것으로 추정한다.
발자국은 앞뒤가 약간 뾰족하고,
털은 말꼬리만 하며 가는 새끼줄 정도의 굵기다.

분류 • 괴물(인간형)	출몰 지역 • 금강산 숲	출몰 시기 • 조선 중기	기록 문헌 • 《어우야담》
특징 • 날카로운 발을 가지고 있으며 덩치가 크다.			

문헌

❚《어우야담》의 저자 유몽인이 금강산에서 한 스님에게 들은 금강야차의 일화를 소개한다. 그 스님이 말한 내용은 다음과 같다.

봄여름에 풀이 길게 자라면 풀밭에 기이한 발자국이 남는다. 그 발자국은 길이가 한 자 반이 넘으며 지름은 길이가 비슷한데 앞뒤로 뾰족한 형태를 하고 있다. 괴물의 털 또한 함께 발견되는데 털 색이 푸르고 길이는 말꼬리만큼 길다. 털 굵기는 새끼줄과 같이 굵다. 주로 털은 나무에서 발견되는데 그 짐승이 이빨로 나무를 긁을 때 털이 빠져 나무 허리에 묻는다. 그 높이가 매우 높아 일반 사람이 아무리 도구를 사용해 꺼내려 해도 닿지 않는다. 산속에서 오래 지낸 늙은 스님도 실제로 본 적은 없으며 늘 흔적만 발견돼 어떤 짐승인지 도무지 알 길이 없다.

금돼지

금돼지는 여자를 좋아하는 커다란 돼지형 괴물이다.
사슴피를 무서워하며 장시간 사슴 가죽을 몸에 붙이고 있으면 죽기도 한다.
여자에게 시중을 들게 하거나 부인으로 삼는 것을 보아
인간의 말을 할 줄 아는 것으로 보인다.
주로 굴 안에서 활동하며 이름처럼 몸에서 화려한 금빛이 난다.
또 뿔이 달려 있다는 말도 있고,
터럭을 뽑아서 뿌리면 안개가 일어나는 신통력을 보이기도 한다.
예로부터 돼지는 탐욕의 상징으로 알려져 있는데 금은보화,
보검 등이 굴 안에 숨겨져 있다는 이야기도 있다.
금돼지가 울면 쩌렁쩌렁하게 천지가 흔들릴 정도로 소리가 난다고 한다.

분류 • 괴물(짐승형)	출몰 지역 • 전북 고창 검단산	출몰 시기 • 삼국 시대 이후	기록 문헌 • 《최치원전》, 《금방울전》
특징 • 여자 인간을 매우 좋아해 부인으로 삼으려 한다.			

문헌

█《최치원전》에 금돼지에 관한 내용이 다음과 같이 기록돼 있다.

전북 고창 검단산 밑 어느 마을에는 사또가 부임하면 부인이 없어지는 기이한 일이 발생했다. 물론 사또들은 부인을 찾기 위해 수소문하고 탐문했지만 결코 찾을 수 없었다. 어느 날 최씨 성을 가진 한 사또가 마을에 부임했고 자신의 부인을 지키고자 한 가지 묘책을 생각해낸다. 바로 부인의 치맛자락에 명주실을 꽂아두는 것.

다음 날이 돼 사또의 부인 역시 사라졌고, 사또는 명주실을 따라 부인을 탐색한다. 명주실이 닿은 곳은 어느 굴이었고 그곳에서 부인이 금돼지와 함께 자는 것을 발견했다. 사또는 부인을 조용히 깨워 금돼지가 무서워하는 것이 무엇인지 알아냈는데 그것은 사슴피와 가죽이었다. 사또는 조용히 나가 사슴을 잡아 자고 있는 금돼지의 이마에 사슴 가죽을 붙였고 금돼지는 죽었다. 부인과 금돼지 사이에 아들이 생겼으니 그가 바로 최치원이다.

금혈어

고래도 두려워하는 물고기. 수백 마리씩 무리 지어 행동하는데,
이는 하나의 군대를 연상하게 할 정도다.
크기는 정말 작아 1~2치(1치는 사람의 손가락 한 마디) 정도.
비늘과 지느러미가 모두 예리한 칼처럼 날카롭다.
물속의 포식자로 고래고기를 가장 좋아해서 고래만 보면
전광석화처럼 달려들어 사냥한다.
이빨이 날카롭다는 기록은 딱히 없다. 하지만 고래나 다른 물고기를
먹는 것으로 보아 이빨도 매우 날카로울 것으로 추정된다.
식욕도 어마어마해 한번 사냥한 물고기나
동물을 모두 다 먹을 때까지 물러나지 않는다.

분류 • 괴물(어류형)	출몰 지역 • 바다	출몰 시기 • 조선 후기	기록 문헌 • 《청성잡기》
특징 • 식욕이 대단하다. 무리 지어 동물을 공격한다.			

문헌

▌《청성잡기》에는 금혈어를 다음과 같이 기록하고 있다.

고래는 유독 금혈어를 두려워하는데 만나면 반드시 죽기 때문이다. 금혈어는 길이가 1~2치 정도 되는 작은 물고기인데, 비늘과 지느러미가 칼날 같으며 수백 마리씩 무리를 지어 유영한다. 고래고기를 좋아하며, 고래와 마주치면 고래를 가운데 두고 팔(八) 자 모양으로 진을 친 후 대열의 끝을 구부린다.

고래가 금혈어를 먹으면 칼날 같은 비늘이 창자를 뚫고 나와 죽게 된다. 그래서 고래는 금혈어를 먹지도 못하고 도망갈 수밖에 없는데, 금혈어 무리를 벗어났다 싶으면 대열 끝의 고기가 다시 에워싸 도망갈 수 없다. 이 빠르기가 마치 전광석화 같아, 고래가 지치면 금혈어는 앞다퉈 고래를 뜯어 먹기 시작한다. 그러면 바다는 붉은 피로 흥건히 물들지만 금혈어는 다 먹기 전까지 절대 자리를 떠나지 않는다.

기린

기린은 중국과 한국에서 목격되는 영수(상서로운 짐승)다.
기린이라고 해서 목이 길어 슬픈 동물을 생각하면 오산.
이마에 뿔이 돋아 있고 꼬리는 소와 같으며 몸은 사슴, 발굽과 갈기는 말과 닮았다.
수컷을 기, 암컷을 린이라고 해서 통틀어 기린이라고 부른다.
기린은 하늘의 영수이자 오행의 정령으로 천지를 이어주는 매개수다.
문헌에는 신선들이 타고 하늘에서 내려오는 짐승 중 하나로 기록된다.
우리나라에서는 정조 때 원주 명봉산 인근에서 발견됐다.
기린의 한 종류로 옥기린이 있는데, 하늘을 날고 예지력을 가진다고 전해진다.
평양의 구제궁에 기린 굴이 있었다고 기록돼 있다.

분류 • 괴물(짐승형)	출몰 지역 • 전국 각지	출몰 시기 • 시대 불문	기록 문헌 • 《동국여지승람》, 《조선왕조실록》
특징 • 살아 있는 것을 신성하게 여긴다. 어진 성품을 가졌다.			

문헌

▌《조선왕조실록》에 기린으로 추정되는 기록이 등장한다.

정조 17년 12월 3일, 기린과 비슷한 짐승이 원주 명봉산에 나타 났다. 원주판관 원우손이 말하기를 "머리와 꼬리는 말과 같고 소의 눈에 발굽은 둥그스름하며 세 살 난 송아지만 한 크기다. 윤이 나는 잿빛 털이 있고 이마 위에는 두서너 치의 털이 있으며 사이에 뿔이 숨겨져 있다. 건등산으로 큰길을 따라 걸어갔는데, 풀을 밟지 않고 곡식도 뜯지 않았으며 사람을 만나면 꼬리를 흔들어 길들인 것 같았다."

▌《동국여지승람》〈평안도〉 편에는 기린 굴에 대한 이야기가 기록돼 있다. 기린 굴은 구제궁 안 부벽루 아래에 있으며, 동명왕이 이곳에서 기린을 길렀다. 김극기의 시에도 "주몽이 하늘을 조회하려고 고개 중턱 금당에 옥기린을 길렀네"라는 구절이 등장한다.

김현감호

김현이라는 청년을 사랑한 암호랑이.
호랑이는 영물이기 때문에 사람의 말을 하거나 사람으로 변하는 예가 종종 있다.
하지만 암호랑이가 사람으로 변한 기록은 그리 많지 않다.
호랑이는 대부분 수컷으로 등장하기 때문이다.
이런 점에서 김현감호는 꽤나 독특하다.
더불어 자신의 오빠들을 위해 희생하는 모습,
사랑하는 인간 남성을 위해 목숨을 바치는 모습도 보이는데 이는 다른 귀,
괴물 혹은 영수에게서 보기 힘든 감정선이다.
비슷한 예로 자신을 인간의 아들로 착각한 호랑이 형님이 있다.
이 또한 인간과 비슷한 감정선을 드러내는 사례 중 하나다.

분류 •	출몰 지역 •	출몰 시기 •	기록 문헌 •
괴물(짐승형)	경주 흥륜사 부근	삼국 시대	《삼국유사》

특징 •
인간 김현을 사랑하고 목숨을 바친다.

문헌

▌《삼국유사》5권에 기록된 김현감호에 대한 내용은 다음과 같다.

신라 흥륜사에서 김현이 탑돌이를 하는 도중 한 여인을 만나 사랑에 빠지고 정을 통하게 됐다. 이후 여자가 떠나가려 했으나 김현이 기어코 억지로 따라가니 서산 기슭이었다. 어떤 할머니가 나와 몰래 따라온 김현을 발견했는데, 여인에게 이를 묻자 자초지종을 설명하고 김현을 숨겼다. 조금 이따 여인의 오빠라 말하는 세 호랑이가 왔는데 모두 사람의 말을 하고 있었다. 세 호랑이가 김현의 존재를 눈치챘을 때쯤 하늘에서 목소리가 들려왔다. 세 호랑이가 나쁜 짓을 많이 했기에 하나가 죽어야 한다는 것. 여인은 그 벌을 자신이 대신 받겠다고 했다. 세 호랑이는 기뻐 도망갔고 여인은 김현에게 자신의 정체가 호랑이라는 것을 말했다. 그리고 저잣거리에서 사람을 해칠 테니 자신을 죽여 왕에게 인정을 받으라고 청했다.

김현은 한사코 거절했지만 결국 여인은 호랑이로 변하여 사람을 해쳤고 김현은 이를 죽여 벼슬을 받았다. 호랑이에게 물린 사람들은 여인의 말을 따라 흥륜사의 장을 바르고 나팔소리를 들려주었더니 깨끗하게 나았다.

녹두병

녹두로 만들어진 병사로, 우투리 설화에 등장한다.
녹두병을 만들려면 3년이 걸리는데 3년 동안 바위 안에서
바깥바람을 쐬지 않으며 단 하루도 빠짐없이 제련해야 한다.
제련 기간 동안 바깥바람을 쐬면 녹아 사라진다.
제련이란 훈련인데, 말을 타기도 하고 병술을 배우기도 하는 것 등을 말한다.
녹두병이 입고 있는 갑옷, 타고 있는 말도 곡식으로 만들어야 한다.
필요한 곡물은 좁쌀, 팥 등이다.
녹두병으로 군대를 만드는 데 필요한 녹두량은 단 세 되.
세 되를 제련하면 몇천에서 몇만 군사를 제작할 수 있다.
이 병사들의 위력은 어마어마해 하나의 국가를 전복시킬 수 있을 정도다.

분류 • 괴물(인간형+식물형)	출몰 지역 • 지리산	출몰 시기 • 조선 초기	기록 문헌 • 민간 설화
특징 • 위력이 강하나 3년간 바위 속에서 제련해야 한다.			

문헌

▌중학교 2학년 국어 교과서에 아기 장수 우투리에 대한 내용이 등장하는데, 여기에 녹두병의 이야기도 함께 기록돼 있다. 내용은 다음과 같다.

우투리가 죽지 않고 살아, 바위 속에서 병사를 기르고 있었던 게지. 그 사이에 좁쌀 서 되, 콩 서 되, 팥 서 되가 모조리 병사가 되고, 말이 되고, 투구가 됐어. 투구를 쓴 병사들이 저마다 말을 타고 늘어섰는데, 그 수가 몇 천이나 되는지 몇 만이나 되는지 몰라. 그때 우투리는 막 말을 타려고 한 발은 땅을 딛고 한 발은 말안장에 걸쳤는데, 그때 그만 바위가 갈라져 버린 거야.

바위가 갈라져 바깥바람이 들어가니까 그 많은 병사가 스르르 녹아 없어지고, 우투리도 스스로 눈 녹듯이 녹아서 형체가 없어져 버렸어. 그때가 3년에서 딱 하루가 빠지는 날이었단다. 하루만 더 있었으면 병사들과 함께 바위에서 나와 백성들을 살렸을 텐데, 딱 하루가 모자라 그리되고 말았어.

대사

말 그대로 커다란 구렁이란 뜻이다. 문헌에서 사람을 제물로 잡아먹거나
복수하거나 도와주는 큰 뱀은 대사로 보는 것이 타당하다.
대사와 이무기가 헷갈리는 경우가 있는데 이는 생김새가 거의 흡사하기 때문이다.
하지만 이무기와 대사는 확연히 다른 괴물이다.
대사는 나이를 먹거나 수련에 따라 특성이 조금씩 달라진다.
사람의 말을 하거나 사람으로 변하는 경우도 문헌에서 더러 볼 수 있다.
후에 등장하는 장두사, 묘두사 등도 대사의 변형이다.
다만 대사에게 원한을 사지 말아야 한다.
오랜 시간이 걸려도 반드시 복수하기 때문이다.

분류 •	출몰 지역 •	출몰 시기 •	기록 문헌 •
괴물(짐승형)	전국 각지	시대 불문	《어우야담》, 《삼국유사》 외 민간 설화

특징 •
인간을 잡아먹기도 한다. 복수는 칼같이 한다.

문헌

▌《어우야담》에는 나군지의 큰 뱀이 등장한다. 이 뱀은 선사에게 잡히는 데 몸통의 길이가 수십 척이고 굵기가 대들보만 하다고 기록돼 있다. 자세히 보니 이마에 검정색으로 나군(羅君)이라고 새겨져 있었다고.

▌《어우야담》의 또 다른 편에는 뱀의 복수에 대한 이야기도 등장한다. 박명현이라는 무인이 가물치를 잡다가 칼날만 박은 채 놓쳤는데 17년이 지난 후에 자신을 공격한 큰 뱀을 잡으니 뱃속에 칼날이 있었다. 이는 세월이 지나면 가물치가 뱀이 되기 때문이라고 한다. 잡힌 뱀 또한 길이가 10여 척(약 3m) 정도였다고 기록돼 있다.

▌《삼국유사》에서 큰 뱀은 박혁거세 왕이 죽었을 때 등장한다. 죽은 지 7일 후 왕의 육체가 땅에 흩어져 떨어졌다. 이를 주워 장사를 지내려 했지만 큰 뱀이 나타나 이를 방해했다.

대서

고양이를 물어 죽일 정도로 큰 쥐. 크기는 고양이만 하고, 떼로 몰려다니며
짐승을 공격하거나 먹이를 찾는다. 일반 쥐와 다를 바 없이 생겼지만,
성격이 매우 포악하고 공격성이 짙다.
고립된 곳에 한꺼번에 많은 쥐가 서식하면 그중에서 대서가 태어나기도 한다.
기록에 의하면 보성 바다 한가운데 작은 섬에서 대서가 발견됐는데,
이 섬은 쥐가 너무 많아 '서도'라고 불렸다.
실제로 쥐를 퇴치하려고 고양이를 풀었지만
오히려 대서에게 물려 죽고 말았다.

분류 • 괴물(짐승형)	출몰 지역 • 보성의 한 섬	출몰 시기 • 미상	기록 문헌 • 《어우야담》
특징 • 커다란 쥐, 고양이를 물어 죽일 정도로 공격적이다.			

문헌

▌《어우야담》에 기록된 대서의 내용을 정리하면 다음과 같다.

보성 바다 한가운데에는 섬이 하나 있는데 쥐가 너무 많아 서도라고 불렸다. 쥐를 퇴치하기 위해 고양이 몇 마리를 풀어놓았는데, 고양이만 한 크기의 쥐들이 떼로 몰려와서 고양이를 물어뜯었다. 고양이도 당황해 처음에는 싸우기 위해 공격했으나 결국 이기지 못하고 도망만 다녔다. 결국 숨을 구멍을 찾지 못한 고양이는 이리저리 도망 다니다가 며칠 만에 모두 죽었다. 고양이만큼 쥐의 천적이 없으며 고양이가 한번 울면 쥐들이 뿔뿔이 흩어지기 마련인데 그 수가 많음에는 이기지 못하는 것이다.

대인

다른 말로 '거인'이라 부른다.
키가 30길(약 90m)부터 18척(약 5.4m)까지 다양하다.
동해의 외딴섬에 대인국이라는 나라가 존재하는데,
대부분 거인은 이곳 출신일 확률이 높다.
그래서 주로 물에 떠내려오거나 바다에서 발견된다.
대인은 어마어마한 크기를 자랑하는데 한 대인은 일어서니
허리까지만 바닷물이 차올랐고, 얼굴과 사지가 지극히 웅대했다고 한다.
딱히 사람을 해치지는 않는 듯하다. 중국에서는 이 같은 대인 괴물들을 '방풍씨',
'장적', '교여' 등으로 기록하고 있다.
한 죽은 여자 대인의 경우 음부가 일곱 자(약 21m)였다는 기록도 있다.

분류 •	출몰 지역 •	출몰 시기 •	기록 문헌 •
괴물(인간형)	동해 및 바다	시대 불문	《동국통감》, 《어우야담》, 《삼국사기》

특징 •
엄청나게 큰 인간으로, 대인국 출신이다.

문헌

▮ 《삼국사기》 28권에는 의자왕 19년 생초진(충남 지역에 있을 것이라 추정되는 나루터)에 여자의 시체가 떠내려왔는데 그 길이가 18척이라고 기록돼 있다. 게다가 《삼국사기》 34권에는 본 사람은 없지만, 동해의 외딴섬에 대인국이 있다고 기록돼 있다.

▮ 《어우야담》에서도 대인의 목격은 이어진다. 세 사람이 작은 배를 타고 고기를 잡으러 가다가 한 대인을 발견한다. 대인의 허리 아래는 물에 잠기고 허리 위만 올라와 있었는데, 신장이 30길이나 되고 머리와 사지가 웅대했다. 대인이 배를 엎으려 했으나 어부가 도끼로 팔을 찍어 이를 모면했다.

▮ 《동국통감》에도 여자 대인의 시체 이야기가 나온다. 민망하게도 음부의 길이로 대인의 크기를 측정했는데 그 길이가 일곱 자였다고 한다.

대점어

바다 밑에 사는 거대 메기로, 크기가 매우 커서 바다의 물살을 바꾸고
지각을 흔들 정도다. 대개 바다 깊은 곳 구멍 속에서 살고 있는데,
메기가 구멍 밖으로 나오면 물이 구멍 안으로 들어가 밀물이 되고 메기가
구멍으로 들어가면 안의 물이 밀려나와 썰물이 된다.
즉, 조류를 관장하는 셈이다. 가끔 바다에 갑작스레 풍랑이 일어나는 경우가 있는데
이는 대점어가 몸부림칠 때다. 일본에도 거대 메기 괴물이 있는데
몸부림칠 때마다 지진이 일어난다고 한다. 이러한 메기 전설은 대점어와 비슷한
동류로 보이는데, 메기가 거주하는 장소가 지하인지
해저인지에 따라 일어나는 자연 현상이 달라지는 것으로 추정된다.

분류 • 괴물(어류형)	출몰 지역 • 해저 동굴	출몰 시기 • 미상	기록 문헌 • 《조선민담집》
특징 • 해저 동굴에 거주하는 메기로, 썰물과 밀물을 만든다.			

문헌

▌《조선민담집》에 기록된 거대 메기에 대한 내용은 다음과 같다.

거대한 메기가 바닷속 큰 동굴에서 살고 있다. 이 거대 매기가 동굴 밖으로 나오면 바닷물이 동굴로 들어가 지상에는 밀물이 생긴다. 반대로 메기가 동굴 안으로 들어가면 안쪽의 바닷물이 밀려 나와 지상에서는 썰물이 된다. 이 거대 메기가 몸부림을 치면 바다에는 거대한 풍랑이 일기도 한다.

둔갑쥐

사람으로 둔갑하는 쥐. 사람이 함부로 버린 손톱과 발톱을 먹으면
쥐가 사람으로 둔갑하는데, 가족이 알아보지 못할 정도로 똑같이 변한다.
가족의 일원으로 변해 가짜 인간으로 살아가는 것이 둔갑쥐의 변신 목적이다.
진짜보다 더 진짜 같아서 원본 인간은 쫓겨나는 경우가 허다하다.
놀라운 점은 그 사람의 지식과 배경까지도 모조리 흡수한다는 것이다
(진짜가 모르는 지식까지 아는 경우도 있다).
당연히 쥐가 변한 것이기에 고양이를 두려워한다는 것이 약점이다.
가끔 사람에 대한 궁금증이 넘쳐 나 직접 사람인 척 다가가
능청스럽게 대화를 나누기도 한다.

분류 • 괴물(인간형+짐승형)	출몰 지역 • 전국 각지	출몰 시기 • 시대 불문	기록 문헌 • 《어우야담》 외 민간 설화
특징 • 손톱과 발톱을 먹고 사람이 돼 살아간다.			

문헌

▌대부분 구전으로만 전해지는 둔갑쥐 설화는 다음과 같다.

어느 가정집의 아들이 공부하러 집을 나선다. 집을 나선 아이는 숙소에 머무르며 발톱과 손톱을 깎는데, 이를 아무 데나 버린다. 둔갑쥐가 이 손톱과 발톱을 먹고 아들로 변하여 집으로 돌아가 아들 행세를 한다. 3년 후 아들이 공부를 마치고 집으로 돌아오니 자신과 똑같은 사람이 있어 놀란다. 가족들도 모두 놀라 진짜와 가짜를 가려내기 위해 고민한다. 결국 집에 있는 세간에 대해 물어보는데 오히려 3년간 살았던 가짜는 대답하고 진짜는 대답하지 못한다. 결국 아들은 쫓겨난다. 하지만 도움을 주는 이를 만나 고양이를 데려가 둔갑쥐를 퇴치한다.

▌《어우야담》에도 둔갑한 쥐가 등장한다. 어떤 사람의 집에 손님이 찾아왔는데 박식하고 명민하기가 인간 같지 않았다. 이를 요괴임을 알고 잡으려 하자 손님이 도망쳐 쥐로 변해 책상 아래에 숨었다는 내용이다.

마명조

《성호사설》에 기록된 새. 몸은 매우 작은데 꼬리가 매우 길고,
생김새는 제비를 닮았다고 한다. 기록된 바에 의하면
꼬리의 길이가 몸길이의 10배라고. 대개 산야 사이에서 서식하는데,
너무 연약하여 비바람을 견디기 힘들어한다. 당시 세속에서는 가늘고 긴 것을
"마명의 꼬리 같다"라고 했는데 이 표현이 바로 이 새에서 나온 것이다.
다만 발견하기 어렵고 어떤 이는 평생에 한 번도 보지 못한다.
중국의 시에도 이와 비슷한 새가 간간이 등장하는 것으로 보아,
동류가 있었을 것으로 추정된다.
중국 시에서는 이 새를 보고 치자꽃과 같이 연약하다고 기록했다.

분류 • 괴물(조류형)	출몰 지역 • 미상	출몰 시기 • 미상	기록 문헌 • 《성호사설》
특징 • 매우 작은 새로, 꼬리가 길고 연약하다.			

문헌

▌《성호사설》4권 〈만물문〉에 기록된 내용은 다음과 같다.

지금 세속에서는 가늘고 긴 것들을 보며 "마치 마명조의 꼬리 같
다"라는 말들을 한다. 나는 처음에 이 말을 듣고 무슨 말인지 몰라 어
리둥절했으나 한 사람의 말을 듣고 마명조에 대해 알 수 있었다. 제비
처럼 생겨 꼬리가 자기 몸보다 10배가량 길며 자그마한 몸집을 가지
고 있는 새로, 그 지방 사람들은 이 새를 마명조라고 부른다. 대개 산
야에 가끔 나타난다는데 나는 아직도 한 번을 보지 못했다. 여러 서적
을 찾아보았으나 마명조라는 새는 나오지 않는다. 다만 호왈종의《십
죽재화보》에 이와 비슷한 새가 등장한다.

비바람을 못 견뎌하는구나 最不禁風雨.
치자꽃과 같아 너무나도 연약하다 堪同梔子花.
날개 젖는 것은 걱정하랴마는 何愁毛羽濕
날아봐도 하늘가 이를 수 없지 飛不到天涯.

매구

인간으로 변신할 수 있는 천 년 묵은 늙은 여우로,
'노호'라고도 불린다. 하지만 대부분의 여우 요괴는
인간으로 변형이 가능하니 이 점은 그리 특별난 재주는 아닌 듯하다.
구미호와 같은 괴물이 아니냐는 논란이 많지만,
매구의 꼬리가 기록돼 있지 않아 다른 여우로 보는 것이 타당하다
(만약 매구의 꼬리가 아홉 개라면 이는 큰 특징인데 기록에 누락됐을 리 없다는 게 내 생각이다).
매구라는 말은 구전에서 붙여진 이름이며 문헌에는 주로
'늙은 여우' 정도로 기록돼 있다. 사람으로 변하는 것 외에 이상한 요술도 쓰는데
그 요함이 뛰어나 용의 간도 빼먹을 정도다.
여우 요괴 중에서는 꽤 높은 도력과 요력을 자랑한다.

분류 • 괴물(인간형+짐승형)	출몰 지역 • 전국 각지	출몰 시기 • 시대 불문	기록 문헌 • 《삼국유사》, 《용재총화》 외 민간 설화
특징 • 인간으로 둔갑하는 늙은 여우. 강한 요술을 부린다.			

문헌

▌《삼국유사》에 보면 인간으로 둔갑한 늙은 여우가 등장한다. 사미승으로 둔갑한 늙은 여우는 해가 뜰 때마다 하늘에서 내려와 다라니를 외우면서 연못을 세 번 도는데, 그러면 서해의 신(용)과 자손들이 모두 떠올라 힘을 못 쓰게 된다. 그때를 틈타 용의 간과 창자를 빼먹는다고. 이 여우는 거타지라는 군사가 활로 쏴서 죽였다고 기록돼 있다.

▌《삼국유사》5권에는 선덕왕 덕만이 병에 걸려 낫지 않았는데, 한 밀본 법사가 육환장을 침실로 던져 늙은 여우를 찔러 죽인 내용이 있다. 그 후 선덕왕의 병이 나았다고 한다.

▌《용재총화》에서는 신돈이 양도가 쇠할까 염려해 백마의 음경을 자르거나 지렁이로 회를 쳐서 먹는 장면이 등장한다. 또 누런 개와 흰 매를 보면 놀라니 사람들은 이를 보고 늙은 여우 정령이라고 말했다.

목광

목광(目光)은 눈의 빛이 번쩍인다는 뜻의 한자어로,
실제 괴물의 이름은 아니다. 연못, 폭포 속에 사는 괴물로 원숭이를 닮았으며
박연폭포에서 목격됐다. 남성향의 괴물로, 음란하다.
주로 물속에 있다가 근처의 나무를 베거나 여성이 목욕할 때 물 밖으로 튀어나온다.
단, 빛이 들지 않는 물 깊은 곳에 거주하기 때문에 밖으로 튀어나오면
잠깐 햇빛에 눈을 뜨지 못하기도 한다. 어느 정도 신통력이 있어
물 밖으로 나오면 인근에 폭풍을 불게 하거나 검은 구름을 만들지만,
그 영향력이 산 밖까지 미치진 못한다.
이익의《성호사설》에서는 목광을
중국의 괴물 무지기의 한 종류로 보고 있다.

분류 • 괴물(짐승형)	출몰 지역 • 개성	출몰 시기 • 조선 영조	기록 문헌 • 《성호사설》
특징 • 음란하다. 잘 드러나지 않고 숨어 있다.			

문헌

▌《성호사설》7권 〈지료은닉〉 편에 기록된 내용이다.

깊은 산골짜기 위 늙은 소나무 밑에 매우 깊은 못이 하나 있었다. 한 남자가 나무를 베었는데 나무 베는 소리가 들리자 원숭이를 닮은 괴물이 못 안에서 뛰어나와 바위에 앉았다. 물속 동물이라 햇빛을 자주 보지 못하는지 잠시 눈을 뜨지 못해 남자는 숲속으로 가 숨어 지켜보았다. 그 괴물은 번개처럼 번뜩이는 눈으로 주변을 둘러보고 아무도 없자 다시 못으로 돌아갔다.

▌《성호사설》12권 〈회음〉 편에 기록된 내용이다.

아리따운 여인이 박연폭포에서 가슴을 드러내고 씻을 때였다. 갑자기 검은 구름이 일며 못 속에서 괴물이 나타났다. 얼굴은 자세히 보이지 않으나 눈에 광채가 일었고 폭풍이 불었는데 잠시 후 이를 본 여인이 죽었다.

묘두사

고양이 머리를 한 뱀이라는 뜻으로, 실제 괴물의 이름은 아니다.
《송도기이》에 기록됐는데 대사의 동류로 보인다.
일단 이름처럼 머리가 고양이 새끼를 닮았는데 비늘이 번쩍번쩍하다.
크기도 어마어마해서 은신처가 되는 뱀 굴의 깊이를 알 수 없을 정도.
짐승을 다루는 능력이 있어 자신의 은신처에 까마귀나 새를 배치하여
근처에 다가오는 이들의 접근을 막기도 한다.
인간의 음식을 받아먹으며 생활하는데 딱히 사람을 해친 기록은 없다.
또 기후를 알아채는 능력이 있어 비가 오거나 재해가 생기면
몸이나 입에서 푸른 연기가 뿜어져 나온다.
연기의 양은 생각보다 많아 동굴 밖으로 흘러나올 정도다.

분류 • 괴물(짐승형)	출몰 지역 • 송도 화장사	출몰 시기 • 조선 시대	기록 문헌 • 《송도기이》
특징 • 날씨에 민감하다. 인간의 음식을 먹고 산다.			

문헌

▌《송도기이》에 기록된 묘두사의 이야기는 다음과 같다.

화장사 불전 뒤에 큰 굴이 있는데 그 깊이를 가늠할 수 없었다. 비가 오려고 하면 푸른 연기가 나와 하늘거리다 사라졌고, 노승들은 큰 뱀이 있어 그렇다 했다. 어느 날 장맛비가 그치고 해가 뜰 때에 괴상한 무언가가 구멍으로 나왔는데, 마치 고양이 새끼 같은 머리를 하고 있었고 비늘로 번쩍번쩍 덮여 있었다. 굴 주위에는 까마귀가 울고 새들도 울어 중들은 가까이 가지 못했지만 혓바닥이 날름거려 뱀인 줄 알아챘다. 그 후로 중들은 학질이 걸리면 그 굴 앞에 있었는데 그러면 학질이 떨어졌고 마을 사람들도 이를 신봉했다. 그리하여 근처의 백성들은 병이 생기면 굴 앞에서 빌었다. 향과 음식을 앞에 두고 북을 둥둥 치면 뱀이 나와 먹었다. 이렇게 하는 것이 관습이 돼 어느새 50년이 됐다.

백두산괴

백두산 천지에서 발견되는 괴물. 네스호의 괴물과 많이 비교되는 괴수다.
수차례 목격됐으며 주로 머리까지만 사진으로 공개됐다.
생김새는 황금색 항아리만 한 모난 머리에 뿔이 돋아 있고,
긴 목에 돌기가 돋아 있으며, 크기는 5m 정도. 백두산괴가 내는 소리는
백두산 밖에서도 들릴 정도로 어마어마하게 크다.
단, 아직까지 피해자가 기재되지 않은 것을 보면 사람을 해치지는 않는 듯하다.
많은 목격담이 있지만, 과학계에서는 백두산 천지에 생명체가 거주하는 것이
불가능하다는 입장이다. 천지의 물은 1년 중 대부분 얼어 있고
화산 활동으로 인한 유황이 물에 섞여 있기 때문. 물론 과학적으로는 말이다.

분류 • 괴물(짐승형)	출몰 지역 • 백두산 천지	출몰 시기 • 시대 불문	기록 문헌 • 《장백산강지략》 외 출몰 사진
특징 • 거대한 굉음을 낸다. 사람을 해치진 않는다.			

문헌

▌ 청나라 강희제가 재임한 시기에 사냥꾼 넷이 조어대에서 괴물을 발견한 이야기가 있다. 황금색 물동이만 한 모난 머리에 뿔이 달려 있고 기다란 목에 돌기가 나 있는 형태였다고. 깜짝 놀라 뒤돌아 도망가려 하자 엄청난 굉음이 울려 퍼졌고 다시 돌아보니 사라졌다고 한다.

▌《장백산강지략》에 1908년 길 안내자인 서영순 씨가 중국인 여섯 명과 백두산에서 사슴 사냥을 하다가 백두산괴를 목격한 기록이 있다.

물소같이 생겼고 울음소리가 귀를 울리며 사람들에게 달려드는 것 같았다. 다들 겁을 먹고 있었는데 일행 중 누군가가 갑자기 총을 꺼내 쏘려 했지만 발사되지 않았다. 이에 곧 정신을 차려 6연발 권총을 꺼내 발사해 괴물의 배에 맞췄다. 괴물은 총알을 맞자 크게 울부짖으며 호수 안으로 사라졌다.

백두야차

백두산 숲에 사는 괴물.

야차(하늘을 날아다니며 사람을 잡아먹고 상해를 입힌다는 사나운 괴물)의 한종류로 추정된다.

거인처럼 키가 큰데, 수십 척(1척은 30.3cm)이 넘을 정도다.

온몸은 긴 털로 덮여 있고, 머리를 풀어헤쳤는데 그 머리가 어깨까지 닿는다.

모습 자체가 워낙 사납고 무서운데 등에는 새끼까지 업고 있다.

새끼의 키가 십여 척 정도로 꽤 덩치가 있다.

이 괴물을 보면 재빨리 몸을 숨기고 되도록 엎드려서 숨을 죽이는 게 좋다.

사냥하는 모습도 독특한데 길짐승이 앞에 지나가면 큰 몸집을 펄쩍 뛰어서

낚아챈 후 찢어 먹는다. 먹을 것은 항상 새끼에게도 먹인다.

장수 신립이 목격한 기록이 있다.

분류 •	출몰 지역 •	출몰 시기 •	기록 문헌 •
괴물(인간형)	백두산 숲	조선 후기	《어우야담》
특징 •			
긴 털과 큰 몸집을 가지고 있다. 새끼를 업고 있다.			

문헌

▌《어우야담》에 늙은 호인(만주인)의 목격담이 기록돼 있다. 신립이 북
도병사가 돼 호인을 만났는데 괴물의 목격담을 들은 것. 그의 목격담
에 따르면 다음과 같다.

　　젊었을 때 사슴을 쫓아 백두산에 간 적이 있습니다. 거인과 같은
짐승 하나를 보았는데 사람처럼 서서 걸어 다녔습니다. 키가 수십 척
이나 되고 몸은 기다란 털로 덮여 있었습니다. 머리는 풀어헤쳤는데
그 길이가 어깨까지 닿을 정도였습니다. 흉악하고 사나워 보이는 괴
물이었습니다. 등에는 새끼를 업고 있었고 새끼 또한 덩치가 커 십여
척 정도 됐습니다. 사슴이 앞으로 지나가는 것을 보더니 펄쩍 뛰어서
낚아챈 후 사슴의 다리를 찢어 등에 업은 아이에게 먹이는 것을 보았
습니다.

엎드려 있었기 때문에 살았을 거라고 본인은 추측하고 있다.

백륜

하얀 바퀴라는 뜻으로, 엄밀히 말하면 흰 기운이 오색으로 뿜어져 나오는
동그란 물체다. 이 물체는 바퀴처럼 뱅뱅 도는데 그 빠르기가
너무 빨라 마치 번개와 바람 같다고 묘사돼 있다. 크기는 정확하지 않으나
"방 안으로 따라 들어오려 한다"라는 기록으로 보아 그리 크지 않으리라 추정된다.
단, 백륜은 특정인의 신체 내부를 파괴해 고통을 줄 수 있다.
백륜의 공격 대상이 되면 통증은 물론 입과 코에서 피가 흘러나와 사망에 이른다.
모든 사람이 공격 대상이 되는 것은 아닌데,
어떤 대상을 공격하는지 기록으로는 추정하기가 어렵다.

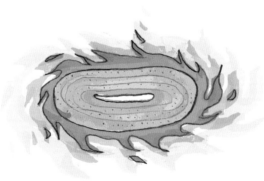

분류 •	출몰 지역 •	출몰 시기 •	기록 문헌 •
괴물(사물형)	경상북도 경산	미상	《용천담적기》

특징 •
바퀴처럼 뱅뱅 공중을 돌며 특정인을 공격한다.

문헌

▌《용천담적기》에 기록된 백륜에 대한 내용은 다음과 같다.

채빙군 양정공이 어릴 적 아버지를 따라 경산에서 살 때의 일이다. 그는 두 동생과 함께 관사에서 잠을 자는 도중 소변이 마려워 급히 옷을 입고 문밖으로 나섰다. 그런데 문밖에는 마치 화원경(확대경이라 표기돼 있지만, 거울의 이름으로 추정된다)과 같은 하얀 기운이 오색으로 뿜어져 나오는 무언가가 있었다. 그것은 차바퀴처럼 공중에서 뱅뱅 돌았는데 먼 곳에서 점점 가까이 다가오기 시작했다. 그 빠르기는 마치 번개와 바람 같았다.

이에 양정공이 놀라 급하게 방 안으로 들어왔다. 겨우 문지방을 넘어섰는데 그 물건이 방 안에 따라 들어오려는 듯했다. 조금 뒤 갑자기 잠을 자던 막냇동생이 비명을 지르며 아프다고 뛰어다니기 시작했고 입과 코에서는 피가 흐르다 사망했다. 신기하게도 양정공은 다친 데가 아무 데도 없었다.

백색인

피부와 머리카락이 모두 하얀 인간으로,
서양인이나 우리가 아는 백인과는 다르다. 흰 물고기, 그중에서도
뱅어를 먹으면 백색인을 잉태하는데 그렇게 태어난 인간은 온몸이 말 그대로
모두 하얗고 심지어 피부가 옥처럼 반질반질하다고.
다만 눈동자는 엷은 황색의 흰빛을 띤다.
백색인은 양기와 친하지 못하고, 환한 대낮에는 사물의 분간이 어려우며,
해를 쳐다보기도 쉽지가 않다. 그래서 늘 고개를 숙이고 땅만 보며 다니고,
계단 같은 데서는 넘어지기 일쑤지만 어두운 방 안에서는 일반인보다
훨씬 뛰어난 시력을 자랑한다. 반면 총명함은 일반인의 수준을 뛰어넘는 정도.
백색인이 나타나면 전란이 일어난다는 속설이 있다.

분류 • 괴물(인간형)	출몰 지역 • 진주, 연경	출몰 시기 • 조선 후기	기록 문헌 • 《어우야담》
특징 • 온몸이 하얗다. 낮에는 사물의 분간이 어렵다.			

문헌

▌《어우야담》에 기록된 백색 인간의 모습이다.

문관 이현배가 진주목사로 있을 때 한 어부가 빙설 같은 하얀 뱅어를 낚았다. 이를 이현배의 첩이 구워 먹고 그달에 임신하여 아들을 낳았다. 아들의 머리카락은 모두 하얗고 피부는 백옥 같았는데 눈동자는 엷은 황색에 흰빛이 감돌았다. 십여 세가 되자 자못 총명하고 글솜씨 또한 뛰어났다.

아이들과 집 뜰 안에서 놀 때를 보면 대낮에 사물을 보는 것이 매우 힘들어 보였다. 항상 해를 쳐다보지 못하고 고개를 숙이며 땅을 바라보며 걸었다. 반면 밤에 집에 들어가 보면 어두운 방에서도 능히 글자를 쓰고 있었다. 식자들은 이 아이가 전란의 징조가 될 것이라 했는데 나이 열셋에 죽고 이듬해 왜적이 우리나라를 어지럽혔다. 또 만력 기유년에 연경에 가며 요좌 지방 우씨네 별장에 들렀는데 주인집 며느리 아들이 백설처럼 하얀 것이 이현배의 아들과 같았다.

백여우

하얀 여우로 '구미호', '매구'와 동류다.
백여우에 대한 다양한 추측성 이야기가 있고,
환상의 동물처럼 전해졌지만 실제 백여우는 현존하는 여우 종이다.
여우가 나이를 먹어 백여우가 되고,
백여우가 노호가 된 뒤 구미호가 된다는 이야기는 근거 없는 이야기다.
매구는 사람을 꾀거나 하는 데 비해,
백여우는 주로 어떠한 메시지를 주기 위해 등장한다.
특히 사냥 중에 백여우를 발견하면 왕에게 진상할 정도의 신물로 여겨졌다.
하지만 백여우가 울면 좋지 않은 일들이 일어나고
나라가 흔들리기 때문에 요사스러운 존재로 여겨졌으며 다들 꺼렸다.

분류 • 괴물(짐승형)	출몰 지역 • 전국 각지	출몰 시기 • 시대 불문	기록 문헌 • 《삼국사기》, 《삼국유사》
특징 • 하얀 여우로, 나라가 어지러울 때 주로 등장한다.			

문헌

▌《삼국사기》15권에 고구려 차대왕 3년 7월에 목격됐다는 기록이 있다. 임금이 사냥하는데 계속 백여우가 따라오며 울자 활을 쏘아 맞추려 했다는 것이다. 하지만 백여우를 맞추지는 못했다.

▌《삼국유사》1권에는 현경 4년 2월에 여러 여우들이 의자왕의 궁에 들어오는 장면이 기록돼 있다. 그리고 그중 흰 여우가 좌평에 불쑥 올라와 앉았다고. 이는 나라가 망할 징조였다.

▌《삼국사기》9권에서는 경덕왕 15년에 대영랑이 왕에게 백여우를 진상하여 직위를 받는 모습이 등장한다.

범어

하늘에서 사는 물고기로,
몸이 금빛을 띠는데 그 빛이 눈부셔서 오래 쳐다볼 수 없다.
그래서 혹자는 '금어'라고도 부른다. 원래 하늘에서만 생활하는 범어는 가끔
지상의 샘에 내려와 헤엄을 치며 놀곤 하는데 이들이 내려올 때면
항상 신령스러운 오색운이 따라온다.
또 범어가 노는 샘은 범어의 빛깔이 담겨져 금색으로 바뀌곤 한다.
물고기는 불교에서 신성한 의미를 가지는데,
눈을 감지 못하는 동물이기 때문이다. 이는 수도승들이 물고기처럼
자지 말고 수행하라는 의미이기도 하다. 그래서 하늘에서 신이 물고기를
인간에게 내려보내거나 하사하는 일이 간간이 있으며,
그리 이상한 일도 아니다.

분류 • 괴물(어류형)	출몰 지역 • 미상	출몰 시기 • 미상	기록 문헌 • 《신동국여지승람》
특징 • 금빛 물고기로, 하늘에서 내려와 놀곤 한다.			

문헌

▌《신동국여지승람》23권에 금정산과 범어의 이야기가 매우 짧게 기록
돼 있다. 그 이야기는 다음과 같다.

　　금정산: 현의 북쪽 20리에 있으며 산마루에 3장 정도 크기의 돌이
있다. 그리고 위에는 우물이 자리한다. 우물은 10여 자의 둘레며 7치
정도의 깊이를 자랑한다. 신기하게도 물은 항상 차 있는데 날이 더워
도 마르지 않는다. 물은 금빛을 띤다. 소문에 의하면 한 마리의 금빛
물고기가 오색구름과 함께 하늘에서 내려와 이 우물에서 놀았다고
한다. 그래서 금빛 우물인 금정을 산의 이름으로 했다. 또 물고기의 이
름을 따 범어사라고 절을 지었다.

벽화구

벽화나 족자에 그려진 신비한 개. 언제든 그림 밖으로 나올 수 있고,
짖을 수 있다. 하지만 생각보다 이동 반경이 크지는 않다.
의외로 몰아내거나 물리치기 어려운 괴물인데,
불경 등을 외우면 짖는 소리나 움직임이 잠잠해지나 반나절 정도 후에
다시 등장하기도 한다. 즉, 이런 방법은 임시방편이라는 소리.
다른 문헌에는 등장하지 않으며 《삼국유사》, 《삼국사기》딱 두 편에
같은 내용으로 등장한다. 내용 중 개가 뛰쳐나와 돌아다닐 때
경주 사천왕사에 있던 오방신의 활시위가 끊어진 것으로 보아
신통력도 어느 정도 지닌 것으로 추정한다.

분류 • 괴물(짐승형)	출몰 지역 • 경상북도 경주 사천왕사	출몰 시기 • 삼국 시대	기록 문헌 • 《삼국유사》, 《삼국사기》
특징 • 벽화에서 뛰쳐나와 돌아다니거나 짖는다.			

문헌

▌《삼국유사》에 기록된 벽화구에 대한 내용이다.

제54대 경명왕 시대인 정명 5년 무인에 사천왕사 벽화 속 개가 짖어대기 시작했다. 이에 3일 동안 불경을 외워 쫓아냈다. 하지만 반나절 만에 다시 짖는 소리가 들렸다.

7년 경진 10월에는 사천왕사에 있는 오방신의 활시위가 모두 끊어졌다. 이번에는 벽 속의 개가 뜰로 달려 나왔다가 다시 벽화로 돌아갔다.

▌《삼국사기》에 기록된 벽화구에 대한 내용이다.

3년, 사천왕사의 흙 동상이 들고 있는 활시위가 갑자기 끊어지고 벽화 속에 그려진 개에게서 짖는 소리가 들렸다.

봉황

봉황을 특정 새 이름으로 알고 있는 사람이 많지만,
이는 수컷인 '봉'과 암컷인 '황'을 합쳐 부르는 것이다. 암수가 서로 정이 좋으며,
죽실(대나무의 열매)만 먹고, 주로 오동나무에 앉아 있다.
어진 나라에 잘 등장하여 각 임금들은 봉황을 보고 싶어 했다.
부리가 뚜렷하고 눈빛은 날카롭고 머리와 발톱에 힘이 있다.
긴 다리에 뱀의 목을 가졌으며, 몸체는 수탉과 같이 생겼고,
공작처럼 여러 갈래의 깃털로 된 큰 꼬리를 가진다.
크기는 2m가 넘는다(문헌마다 조금씩 다르다).
봉황은 새 중의 왕이기 때문에 고귀함의 상징으로 여겨졌다.
곤륜산에서 살며 신이 아닌 영수다.

분류 ·	출몰 지역 ·	출몰 시기 ·	기록 문헌 ·
괴물(조류형)	전국 각지	시대 불문	《계곡선생집》, 《일성록》 외 민간 설화

특징 ·
새 중의 왕. 고귀한 모습을 띤다.

문헌

▮ 신라 선덕여왕 때 창건된 것으로 알려진 경상북도 안동 봉황사에는 조선 시대에 지어진 것으로 추정되는 대웅전이 있다. 구전에 의하면 이 대웅전의 단청을 봉황이 그렸다고 한다. 이를 기리기 위해 건물 안에 아름다운 봉황이 그려져 있다.

▮ 《계곡선생집》 26권 〈칠언고시〉에 봉황에 대한 내용이 등장한다.

　　새 한 마리 날아오니 그 이름이 바로 봉황이라. 찬란한 깃털을 자랑하며 아각(봉황이 깃을 쳤다고 기록된 지명)에 둥지를 틀었구나. 오동 꽃과 대나무 열매를 좋아하지만 어떡하다 밭에 와서 이삭을 쪼아 먹는구나.

▮ 《일성록》 영조 37년 3월 4일 기록에는 "봉황은 신령한 새로, 세상이 잘 다스려지면 혹 출현하기도 하는데"라고 쓰여 있다.

불
가
사
리

주로 밥풀에서 탄생하는 괴물.
고려 말부터 조선 건국 초기까지 다양한 형태로 이야기가 발전돼 전해져 왔고,
절대 죽일 수 없다고 하여 '불가살(不可殺)'이라는 이름이 붙었다.
문헌마다 모양새가 달라 정확히 묘사하기 어려우나 코끼리의 코, 곰의 몸통,
소의 눈, 바늘과 같은 갈기, 호랑이의 꼬리를 가지고 있다고 알려져 있다.
중국의 '맥(貊)'과 동일 괴물이 아니냐는 추측도 있지만,
이는 추측일 뿐이다(물론 공통점이 많다).
특징으로는 쇠붙이는 모조리 먹으며 흡입할수록 몸집이 커진다.
불에도 강해 불이 붙으면 움직임을 멈추지 않아 꽤 골머리를 썩는다.

분류•	출몰 지역•	출몰 시기•	기록 문헌•
괴물(짐승형)	전국 각지	고려 말~조선 초	《송남잡지》, 백수도 8폭 병풍

특징•
쇠를 좋아한다. 죽지 않는다.

문헌

▌《송남잡지》에 불가사리의 기원과 모습이 세세히 적혀져 있다.

> 괴물이 하나 있는데 쇠붙이를 보이는 대로 먹으며 죽일 수가 없다. 그리하여 이름을 '불가살'이라고 했다. 불에 던져도 죽일 수 없으며 오히려 불에 탄 채로 민가를 돌아다녀 다 태워버린다.

더불어 불가사리의 기원에 대한 기록도 있는데, 간략히 정리하면 다음과 같다.

> 밥풀로 만든 이상한 짐승이 쇠붙이를 모조리 먹으며 결국 집채보다도 커다란 괴물로 성장한다. 관아에서 모든 수를 다 써보았지만 효과가 없었고, 불화살을 쐈지만 역효과가 나 불이 붙은 채로 옮겨 다녀 고을을 쑥대밭으로 만든다. 고전을 면치 못하던 중 스님에게 받은 부적을 붙이자 먹었던 쇠를 다 토하고 사라졌다.

불개

암흑나라에 거주하는 무서운 맹견이자 괴견으로,
민담에 많이 등장하는 괴물이다. 충성심과 책임감이 강한 편으로,
암흑대왕의 총애를 받는 개 중 하나다.
이 불개 때문에 지구에서는 일식과 월식이 일어난다.
불개는 암흑대왕의 명령을 받아 태양과 달을 훔치기 위해 입으로
항상 그것들을 물어 담는데, 해는 너무 뜨거워서 달은 너무 차가워서
다시 뱉고는 한다. 이때 잠시 지구에서 일식과 월식이 생기는 것.
불개는 이를 무한 반복하는데,
해나 달을 가져가기 전까지는 암흑나라에 돌아갈 수 없다.

분류 • 괴물(짐승형)	출몰 지역 • 하늘	출몰 시기 • 시대 불문	기록 문헌 • 《조선민담집》
특징 • 해와 달을 삼켜 일식을 만들어낸다.			

문헌

▮《조선민담집》에 기록된 불개의 모습은 다음과 같다.

　　　하늘나라에는 지상과 같은 나라가 무수히 많다. 그중 하나는 암흑나라인데 이곳은 태양도 달도 없이 맹견을 많이 기르는 곳이다. 이 무서운 맹견을 이곳에선 불개라고 칭했다. 이는 불덩이도 잘 물기 때문에 그러했다. 암흑나라 왕은 불개에게 태양과 달을 훔쳐오도록 시키기도 했다. 특히 제일 사납고 맹렬한 개에게 시켰는데 태양을 물면 입이 너무 뜨겁고 타들어 가는 것 같아 항상 중간에 놔버렸다. 이를 수없이 시도했지만 결국 실패했다. 다음에는 달로 향하여 달을 물었다. 빛이 조금밖에 없는 달은 태양과 다르게 너무나도 차가워 가져올 수 없었다. 왕은 포기하지 아니했고 결국 불개는 지금도 태양과 달을 오가며 이를 가져오기 위해 노력하고 있다. 이때 지구에는 일식과 월식이 생기며 불개가 태양과 달을 물었다 놓았다 하는 것을 볼 수 있다.

사두충

《어우야담》에 기록된 뱀의 머리를 한 독충으로, 실제 괴물의 이름은 아니다.
이 벌레가 어떠한 연유든 몸속에 들어가면 독으로 인해 잠복 부위가 부푼다.
그뿐 아니라 엄청난 고통과 호흡 곤란이 뒤따르는데 치료 방법은 안 알려져 있다.
딱 한 가지 치료 방법이 있는데, 바로 기다란 부리를 가진 학이나
두루미 같은 것을 활용하는 것. 조류들은 사두충을 좋아해 발견하면
살갗을 뚫고 부리를 집어넣어 꺼내 먹고는 한다.
다만 생으로 파먹는 것이니 어느 정도의 고통과 위험은 감수해야 한다.

분류 •	출몰 지역 •	출몰 시기 •	기록 문헌 •
괴물(벌레형)	황해도 인근	미상	《어우야담》

특징 •
인간의 몸에 기생하며 고통과 호흡 곤란을 일으킨다.

문헌

▌《어우야담》에 기록된 사두충에 대한 내용은 다음과 같다.

　　해서 지방(황해도의 다른 이름)의 한 농부의 몸속에 독충이 있어 움직이기 쉽지 않았다. 시간이 지날수록 독충 때문에 배가 부풀어 올랐고 큰 고통이 동반됐다. 어느 여름철 농부는 고통과 호흡 곤란으로 배를 드러내고 나무 밑에 누워 있었다. 해를 보고 있는 그 농부는 숨이 매우 가빴으며 곧 숨이 끊어질 듯했다. 그러던 중 갑자기 나무에서 커다란 학이 이를 보고 내려와 농부의 배 안에서 무언가가 움직이는 것을 봤다. 이에 학은 부리를 배에 꽂고 무언가를 끄집어냈다. 끄집어낸 것은 커다란 뱀의 머리를 한 벌레였다. 학은 이를 집어내 꿀꺽 삼켰고 농부는 언제 그랬냐는 듯 병이 나았다.

사립괴

사립(삿갓)을 쓴 커다란 괴물.
삿갓을 쓰고 있는 것으로 보아 주로 비 오는 날에 목격된다.
딱히 해를 끼치지는 않으나 큰 위화감을 준다. 키가 수십 척으로 크며,
눈이 횃불처럼 빛나고, 얼굴이 소반같이 동그란 게 특징이다.
열을 뿜어내어 근처에 있으면 따뜻한 기운이 느껴지고, 취한 기분이 든다.
괴물들은 사람의 약한 마음을 약점 삼아 공격하고,
강한 마음을 먹으면 오히려 도망간다.
사립괴 역시 두려워하지 않고 담담하게 대응하면 하늘로 도망간다.

분류 • 괴물(인간형)	출몰 지역 • 진주 남강	출몰 시기 • 조선 초기	기록 문헌 • 《용재총화》
특징 • 눈이 횃불과 같으며 뜨거운 기운을 뿜어낸다.			

문헌

▌ 다음은 《용재총화》에 기록된 사립괴에 대한 내용이다.

내(저자 성현)가 어렸을 때 남강에 손님을 전송하고 오는 길이었다. 전생서(조선 시대 때 나라 제사에 쓸 짐승을 기르던 관청) 남쪽 고개에 이를 때쯤 비가 부슬부슬 내리고 말이 갑자기 거품을 뿜으며 나아가지 못했다. 그러던 중 갑자기 따뜻한 기운이 얼굴로 확 다가왔고 취한 기운까지 함께 들었다.

고개를 들어 동쪽 골짜기를 보니 삿갓을 쓴 사람이 서 있는데 키가 수십 척은 돼 보였다. 낯은 소반과 같고 눈은 횃불을 닮아 있어 매우 기이했다. 놀라지 않고 가만히 생각하기를 '내가 마음을 잡지 못하면 저 괴물에게 당하겠구나' 하여 가만히 쳐다보았다. 그 괴물이 문득 하늘을 쳐다보더니 하늘로 올라가 사라졌다. 마음을 다잡으면 귀신이 들지 못한다 했는데 정말 그러한가 보다.

사비수어

사비수(부여 백마강)에 서식하는 물고기로,
그 크기가 세 길(한 길이 3m 정도)로, 일반 물고기보다 월등히 크다.
체내에 독성을 가진 무언가가 흐르고 있는 것으로 추정돼,
고기를 먹은 사람은 모두 죽는다. 이러한 독성을 이기지 못해
강 밖으로 나와 가끔 죽기도 한다. 문헌에는 사비수어 외에도
큰 물고기들이 자주 등장하는데, 동해에서도 커다란 물고기가 등장했으며
이 또한 길이가 세 길, 높이가 한 길 두 자였다고 한다. 사비수어의 변형인 듯하다.
탄주어와 많이 헷갈리는데 탄주어는 사비수어보다 훨씬 큰 물고기이며,
사람을 잡아먹기도 한다. 사비수어는 인간을 잡아먹지 않는다.

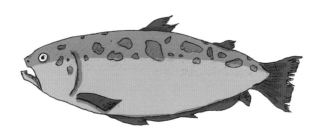

분류 • 괴물(어류형)	출몰 지역 • 부여 백마강	출몰 시기 • 삼국 시대	기록 문헌 • 《삼국유사》, 《삼국사기》
특징 • 몸에 독성을 가진 물질이 흐른다.			

문헌

▌《삼국사기》에 실린 사비수어에 대한 기록이다.

현경 4년 기미(서기 659) 5월에 사비수 언덕 위에 큰 물고기가 죽어 발견됐다. 그 길이가 3길이었는데 먹은 사람은 모두 사망했다.

▌《삼국유사》에도 같은 내용의 이야기가 기록돼 있다.

공주(公州) 기군(基郡)의 강에서 커다란 물고기가 나와 죽었는데, 길이가 1백 자나 됐으며 그것을 먹은 사람은 죽었다.

▌《삼국사기》에 사비수어와 동류의 물고기가 기록돼 있다. 10년(서기 256) 봄 3월, 동해에 큰 물고기 세 마리가 물 밖으로 나왔는데, 길이가 세 길이고 높이가 한 길 두 자였다고.

사식주

뱀을 먹는 거미. 실제로 뱀을 먹는 거미는 존재한다.
미국 남서부에 서식하는 검은과부거미가 뱀을 잡아먹는 장면이 목격되기도 했다.
다만 우리나라에서 그리 흔한 일은 아니다.
사식주는 이빨도 날카롭고 강하지만 거미줄을 탄탄하게 만들어 뱀을 잡아먹는다.
대부분의 거미가 항문 부근 실젖에서 거미줄을 만드는 반면
사식주는 입에서 거미줄을 만든다. 또 뱀독에 대한 내성을 갖고 있고,
독을 빨아내는 재주도 있다.
그래서 뱀에 물렸을 때 사식주를 상처 근처에 재빨리 대면 독을 제거할 수 있다.
다만 사식주를 만질 때는 물리지 않도록 주의해야 한다.

분류 • 괴물(벌레형)	출몰 지역 • 미상	출몰 시기 • 미상	기록 문헌 • 《성호사설》
특징 • 뱀을 먹는 거미, 뱀의 독을 빨아내기도 한다.			

문헌

▌《성호사설》6권에 '주견사(거미가 뱀을 옭아맨다는 뜻)'라는 이름으로 기록된 사식주에 대한 내용은 다음과 같다.

내가 정원을 산책하고 있을 때 뱀이 거미줄에 붙어 있는 것을 보게 됐다. 그 뱀은 매우 단단하게 얽혀져 있었고 거미는 그 뱀에 붙어 체액을 빨아먹고 있었다. 그것은 단순히 우연이라기에는 이상한 광경이었다. 나중에 어느 사람이 말하길 "거미가 입으로 실을 뱉어내 뱀을 묶는 것을 본 일이 있다"고 했다. 또 어떤 이는 뱀에 물렸을 때 거미를 집아 그곳에 붙이니 독을 빨아먹었다고 했다. 몇 번 시험해보니 효력을 보았다고 한다.

삼두일족응

'삼두매'라고도 불리는 매로, 머리가 셋, 다리가 하나 달렸고,
발톱이 매우 날카롭다. 삼두일족응은 삼족오와 함께
신조(신성한 새)로 알려져 있다. 예로부터 매는 상서로운 짐승으로 여겨졌는데,
삼두일족응은 한 단계 더 나아가 질병과 악재를 낚아채고 쪼아
물리치는 힘을 가졌다. 그래서 삼두일족응은 도병(刀兵),
기근(饑饉), 질역(疾疫)의 세 가지 재앙을 쪼아 없앨 수 있어
삼재(三災)를 막는 부적 등에 항상 등장한다.
게다가 관리들이 무서워했는데 백성을 착취하면 삼두일족응이 내려와
사정없이 쪼아댄 후 하늘에 알리기 때문이다.

분류 •	출몰 지역 •	출몰 시기 •	기록 문헌 •
괴물(조류형)	전국 각지	시대 불문	삼재부(삼재를 막는 부적)

특징 •
악귀, 재앙을 물리치는 힘이 있다.

문헌

▌ 삼두일족응은 관리들이 무서워하는 새이기도 했다. 자신들의 비리와 착취를 하늘에 알려 벌한다는 신조이기 때문이다. 최영찬 작가의《삼두매》라는 소설에서는 삼두매라는 이름의 의적인 주인공이 등장하기도 한다.

▌ 삼두일족응에 대한 기록은 대부분 부적에서 찾을 수 있다. 재미있는 점은 호랑이 등 위에 타고 있는 모습도 그려져 있는데, 두 영물 모두 재앙을 물리칠 수 있는 동물로 여겨졌다.

▌ 삼두일족응이 그려진 삼재 퇴치 부적들은 주로 목판본으로 찍어서 제작됐다. 일반적인 부적은 붓으로 그리는 데 반해 목판본으로 제작한 이유는 그만큼 수요가 많기 때문이 아니었을까 추정한다.

삼목구

눈이 세 개인 개로, 누런 털로 덮여 있고 몸에 검은 줄이 있다.
세 개의 눈이 번쩍번쩍할 정도로 또렷하다. 삼목구는 충성심이 강해
주인을 잘 따르고 시키는 일도 잘하는데, 밥은 하루에 한 끼 점심만 먹는다.
삼목구는 사실 저승의 삼목귀왕(삼목대왕)이 귀양살이차 이승으로 와
개로 변한 것이다. 이에 삼목구로 변해 있는 3년 동안 인간에게
은혜를 입고 또 잘 보필하면 다시 저승으로 올 수 있다.
후에 저승에서 자신을 돌봐줬던 주인을 만나면 잊지 않고 사례하기도 한다.
또 삼목구는 짖어서 삼재를 쫓아내기도 하는데
민간에서는 이를 그림으로 그려 걸어두기도 했다.

분류 •	출몰 지역 •	출몰 시기 •	기록 문헌 •
괴물(짐승형)	경남 합천	고려 시대	《청장관전서》
특징 •			
지옥의 삼목귀왕이 변한 개로, 눈이 세 개다.			

문헌

▌《청장관전서》제3권에 삼목구의 이야기가 상세히 기록돼 있다(뒷부분은 생략했지만 삼목대왕의 도움으로 다시 이승으로 귀환한다는 내용이다).

합천의 이거인이라는 자가 있었는데 길에서 눈이 셋이고 다리를 저는 강아지 하나를 보았다. 이를 불쌍히 여겨 기르기 시작했는데 강아지는 매일 세 끼 중 점심 한 끼만을 먹었다. 게다가 충성심이 뛰어나 주인을 몇 리씩이나 마중 나가 반기곤 했다. 3년 후에 강아지가 죽자 이거인은 관에다 넣고 장사까지 지내주었다. 그리고 2년 후 이거인도 갑작스레 죽어 저승에 명부라는 곳으로 들어가게 됐다. 그곳에 가니 한 관원이 있었는데 "주인님께서 어쩐 일로 오셨습니까?"라고 했다. 자세히 보니 눈이 세 개였다. 그 관원은 "옛적 제가 화액이 있어 인간 세상에 내려가 동물로 있어야 했는데, 다행히 주인님의 은혜를 입어 3년 뒤 복직됐습니다" 하는 것이다.

삼족구

다리가 세 개로, 구미호나 늙은 너구리 등 인간으로 변한
괴물을 찾아 쫓는 영험한 개다. 중국 고서인《산해경》에 나오는
'삼족구'와도 헷갈리는데 삼족구는 세 발 달린 거북이로,
이름은 같지만 다른 동물이다. 삼족구는 앞발이 하나, 뒷발이 둘이다.
또 인간으로 변한 귀·괴물을 보면 비호처럼 달려들어 물어뜯는다.
몸집이 매우 작은 강아지이기 때문에 소매에 숨기고 다니기도 하는데
필요한 순간에는 재빠르게 뛰쳐나와 도움을 준다.

분류 • 괴물(짐승형)	출몰 지역 • 후고구려 등	출몰 시기 • 후삼국 시대	기록 문헌 • 민간 설화
특징 • 다리가 세 개다. 구미호를 잡아 죽인다.			

문헌

▌ '견훤설화'에서 나오는 삼족구는 구미호를 퇴치한다. 궁예의 왕비는 아름다운 여자로 변한 구미호였는데, 항상 국정을 망가뜨리고 농간을 부렸다. 특히 사람이 죽는 것을 좋아해 이를 보고 실실거리며 웃었는데 궁예도 함께 흐뭇해했다고. 왕비가 구미호라는 것을 알아챈 대신들은 삼족구를 구하기 위해 백방으로 찾아다녔고 결국 어린 삼족구를 구해 소매 안으로 숨겨 들어왔는데, 구미호를 발견한 삼족구가 쏜살같이 뛰쳐나와 구미호의 목을 물어 죽였다. 이러한 구미호 퇴치담은 중국 상나라 주왕과 그의 총비였던 '달기'의 이야기에도 비슷하게 등장한다.

▌ 구전으로 전해지는 '최부자설화'에도 삼족구가 등장한다. 영물이 된 너구리가 너구리터에 자리 잡은 최부자에게 복수하기 위해 인간으로 변하여 괴롭히는데, 이를 키우던 개 삼족구가 물리친다는 내용이다.

삼족오

태양에 사는 신성한 까마귀. 다리가 셋이라 삼족오라 불린다.
삼족오는 하늘의 뜻을 전하는 영수다.
어디든 갈 수 있고 하늘을 자유롭게 나는 자유의 상징으로,
머리에는 기다란 공작 벼슬을 지니고 있으며 큰 날개를 펄럭거리며 날아다닌다.
태양을 볼 때 드문드문 검은 흑점이 보이는데, 이것이 바로 이 삼족오다.
숫자 '3'은 예로부터 완벽한 숫자로 꼽힌다.
삼족오의 다리가 셋인 것도 중요한 의미를 갖는데 첫 번째 다리는 떠오르는 태양,
두 번째 다리는 정오의 태양, 세 번째 다리는 지는 태양을 상징한다.
삼족오는 고구려 지방에서 많이 언급·목격됐다.
이는 삼족오가 고구려의 국조라고 할 만큼 지역에 큰 영향을 미쳤기 때문이다.

분류 •	출몰 지역 •	출몰 시기 •	기록 문헌 •
괴물(조류형)	고구려 지역	고대	고구려 고분벽화, 《동명집》 외 민간 설화

특징 •
태양에 사는, 다리가 셋인 까마귀.

문헌

▮ 삼족오는 고구려 벽화에 많이 등장한다. 이는 삼족오가 고구려의 상
징이기 때문인데, 평안도 중화군 진파리 제7호 고분에서 발굴된 왕관
의 태양을 상징하는 테두리 안에 삼족오가 안치돼 있다.

▮ 고구려 고분에 등장하는 삼족오는 대부분 태양과 함께 등장하는데 주
로 동그란 태양 안에 들어가 있다. 이와 함께 달도 그려져 있으며 달 안
에는 달 두꺼비가 그려져 있다. 이는 음양의 조화를 이루기 위해 상반
된 두 동물을 기록한 것으로 보인다.

▮ 《동명집》에 곤륜산을 날아다니는 삼족오의 모습이 기록돼 있다.
　　곤륜산 뜰 앞에는 이상한 나무가 있는데 그 나무엔 주렁주렁 구
슬 열렸네. 그 위에 새들이 날아오고 가는데 그 새 이름 삼족오라 부른
다누나.

삼충

도교에서 등장하는 벌레로, 사람 몸에 기생하는 괴생물이다.
사람의 몸에 들어와 병이 나게 하거나,
잠을 못 자게 하거나, 욕망을 조절한다.
또 60일마다 하늘에 올라가 죄지은 이를 알리고 사람의 수명을 줄인다.
삼충은 세 마리가 아니라 인체의 세 부분에 자리하여 붙여진 이름이다.
'상시(上尸)'는 '팽거'라고 불리며 사람의 머릿속에 자리하고,
'중시(中尸)'는 '팽질'이라고 불리며 배 속에 자리하며,
'하시(下尸)'는 발에 자리하여 색욕을 담당한다.
삼충을 죽이는 방법은 다양한 의서에 나와 있는데 자귀나무 연기를 항문이나
입에 넣거나, 석류를 먹는 것이다.
삼충을 발견했을 때 그대로 두면 오장을 갉아먹어 결국 죽는다.

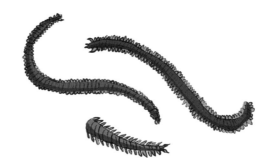

분류 • 괴물(벌레형)	출몰 지역 • 전국 각지	출몰 시기 • 시대 불문	기록 문헌 • 《산림경제》, 《방약합편》
특징 • 인간의 몸에 들어앉아 병들게 한다.			

문헌

▎ 가정생활서 《산림경제》에 기록된 삼충에 대한 이야기가 다음과 같다.

삼충이 먹이를 찾는 때는 병을 앓은 뒤 창자와 위가 텅 빌 때다. 그리하면 사람의 오장을 갉아먹는데 이를 호혹(狐惑)이라 한다. 이 지경에 이르면 사람은 금방 죽는다. 위쪽 폐의 핏줄을 먹으면 목구멍이 가렵고 아래쪽의 대장을 먹으면 항문이 가려워 견딜 수 없게 된다. 그럴때는 자귀나무를 아궁이에 때고, 연기를 입이나 가려운 쪽인 항문에 쐬면 된다.

▎ 의서 《방약합편》에는 석류에 삼충을 죽이는 성분이 들어 있다고 기록돼 있다.

석청망

'도마뱀 구렁이'라는 뜻으로, 실제 괴물의 이름은 아니다.
《용재총화》에 기록된 괴물로, 자르거나 죽일수록 점점 커진다.
기록으로 보아 배신당해 죽은 여승의 사념이 만들어냈을 가능성이 크다.
재미있는 것은 처음에는 작은 도마뱀이지만 죽일수록 점점 더 큰 뱀으로 변한다.
결국 이무기처럼 커다란 구렁이로 변하는데 이렇게 되면
더는 날카로운 물건이나 화기로도 죽일 수 없다.
커지는 게 두려워 죽이지 않고 가두는 것도 해결책은 아니다.
석청망이 기운을 빨아먹기 때문이다.
즉, 표적이 된 사람은 나날이 기력을 잃어 결국 죽게 된다.

분류 • 괴물(짐승형)	출몰 지역 • 미상	출몰 시기 • 미상	기록 문헌 • 《용재총화》
특징 • 작은 도마뱀인데 죽일수록 점점 큰 뱀으로 변한다.			

문헌

▌《용재총화》4권에 기록된 내용은 다음과 같다.

　　홍 재상이 길을 가다 조그만 굴속에 들어갔다. 들어가 보니 굴 안에 집이 있고 17~18살 정도로 보이는 여승이 홀로 앉아 있었다. 홍 재상이 왜 홀로 있는지 물었더니, 여승이 세 여승과 함께 사는데 두 여승이 마을로 내려갔다 했다. 재상은 여승과 정을 통하고 다시 오겠다 했다. 하지만 재상은 오지 않았고 결국 여인은 마음의 병을 얻어 사망했다.

　　그 후 홍 재상은 남방절도사가 돼 진영에 있게 됐다. 하루는 홍 재상의 방에 작은 도마뱀이 들어왔는데, 아전에게 명하여 밖으로 던졌다. 그 후 아전이 죽었는데 다음 날 또 조그만 뱀이 들어왔고 같은 방식으로 아전이 사망했다. 이렇게 매일 뱀이 들어왔다가 점점 커져 결국 큰 구렁이가 되었는데, 군졸이 칼을 내밀고 불을 질렀지만 없어지지 않았다. 이에 구렁이를 함에 가뒀지만, 재상은 점점 쇠약하고 파리해져 사망했다.

선비화

부석사에 있는 나무. 다른 종류가 존재하지 않는 유일무이한 개체다.
신라 때 의상이 서역으로 떠나기 전 석장을 집 문 앞에 꽂으며
"내가 떠난 뒤 이 지팡이에는 가지와 잎이 돋을 것이다.
이 나무가 마르지 않으면 나는 죽지 않은 것이다"라고 했고
실제로 가지와 잎이 돋아 천 년간 한결같았다고 한다.
많은 이들이 가지를 끊어가거나 베어도 다시 새로 자라나는,
죽지 않는 나무다. 부석사에 가면 철조망이 쳐진 선비화를 구경할 수 있다.
물론 실제 선비화는 아니라고 한다.

분류 • 괴물(식물형)	출몰 지역 • 경상북도 영주	출몰 시기 • 삼국 시대	기록 문헌 • 《열하일기》
특징 • 지팡이에서 자라난 나무로, 잎이 떨어지거나 새로 나지 않는다.			

문헌

❚《열하일기》에 기록된 선비화에 대한 내용은 다음과 같다.

중국 사람이 나(박지원)에게 선비화가 무엇인지 물었다. 그 나무
는 유일무이하며, 영괴에 가까워 대답하지 않았다. (중략) 이 나무는
순흥 부석사에 있다. 부석사는 신라 시대의 절이다. 신라 시대의 스님
의상이 서역에 들어갈 때 그의 석장을 거처 앞에 꽂으며 "내가 떠난
뒤 이 지팡이에는 가지와 잎이 돋을 것이다. 이 나무가 마르지 않으면
나는 죽지 않은 것이다"라고 했다. 후에 지팡이에 잎과 가지가 돋았는
데 천 년간 한결같았다. 광해군 때 경상도 감사 정조가 요수라 하여 톱
으로 베려 하자 스님과 마찰이 있었다. 그는 선인의 지팡이를 갖고 싶
다며 나무를 베어갔다. 하지만 곧 새로운 나무 두 줄기가 나와 원래와
같은 모습을 취했다. 선비화는 그 잎이 피거나 떨어지지도 않고 푸름
을 계속 유지하고 있다.

식인견

사람을 잡아먹는 대여섯 마리의 개 무리로,
날 때부터 괴물은 아니었다. 원래는 장성 땅에 있는 사냥개들이었으나
집주인이 화로에 쓰러져 탄내가 나자 여러 마리가 모여
뜯어 먹기 시작하면서부터 식인견이 됐다.
후에 인간을 잡아먹기 위해 길가를 지키는 치밀함까지 보인다.
식인견은 사냥개가 변한 것이므로 장정 한둘로는 이길 수 없다.
그러므로 절대 혼자 다니지 않는 것이 상책.
이들은 사람을 공격한 후 숲속으로 데려가 은닉한 후 먹는데
나중에 마을 사람들이 모두 죽여 없앴다.

분류 • 괴물(짐승형)	출몰 지역 • 전라남도 장성	출몰 시기 • 미상	기록 문헌 • 《어우야담》
특징 • 무리 지어 사람을 잡아먹는 사냥개.			

문헌

▎다음은《어우야담》에 기록된 식인견에 대한 기록이다.

전남 장성의 노령에서 있었던 일이다. 노령 아래에는 한 사냥꾼이 사냥개 수십 마리를 길렀다. 하루는 만취하여 집에 왔는데 때마침 집안사람들이 모두 밖에 나가고 없었다. 그가 화로 앞에 누웠는데 화롯불이 옷자락에 붙었다. 그 불길이 사냥꾼의 몸을 다 태우고 살이 타는 냄새가 온 집 안에 진동했다. 개들은 이를 보고 모여들어 사냥꾼을 다 뜯어 먹었다. 집안사람들이 이를 보고 놀라 개들을 때려죽였는데 대여섯 마리가 산으로 도망쳤다. 이미 사람 고기의 맛을 본 개들은 숲속 길목을 지키며 지나가는 사람을 잡아먹었다. 혼자 지나가는 사람을 떼 지어 몰려와 물고 숲속으로 끌고 가 먹었다. 이 일이 계속되자 마을 사람들은 모두 올라가 개들을 다 잡아 죽였다.

식인충

하늘에서 쏟아져 사람에게 병을 옮기는 벌레로,
비처럼 내려 '우충'이라고도 한다.
하얗고 가늘고 길며 백마의 갈기처럼 생겼다.
하늘에서 떨어진 벌레는 가는 그물에 몸이 덮여 있고,
다양한 음식물로 들어가는데 이 음식을 통해 배 속이나 피부를 거쳐
몸속으로 들어가거나 피부에 붙어 직접 살을 빨아먹기도 한다.
주로 생선, 고기 등에서 발견된다.
식인충은 대부분 약으로 퇴치하거나 치료하기가 힘든 괴충이다.
그러나 파즙을 벌레의 몸에 바르면 저절로 죽는다.

분류 • 괴물(벌레형)	출몰 지역 • 전국 각지	출몰 시기 • 조선 후기	기록 문헌 • 《성호사설》, 《고려사절요》 등
특징 • 사람에게 병을 옮기는 벌레로, 하늘에서 비처럼 떨어진다.			

문헌

▌다음은 《성호사설》 4권에 기록된 식인충에 대한 내용이다.

무슨 벌레가 하늘에서 비처럼 내려와 음식물 속으로 쏟아져 들어
갔다. 생선이나 고기 속에서 쉽게 발견됐는데, 하얗고 가늘고 길었다.
생긴 것은 백마의 갈기처럼 생겼으나 무슨 벌레인지 알기 쉽지 않았
다. 이 해에 심각한 전염병이 퍼졌는데 이는 이 벌레 때문이라고 한다.

▌《고려사절요》에는 식인충의 이름이 언급됐다.

고종 33년, 독충이 비처럼 내렸다. 벌레는 가는 그물에 몸이 덮여
있는데, 이를 쪼개면 마치 흰 털을 가르는 것 같았다. 이 벌레는 음식
에 들어가거나 사람 몸에 붙어 피부로 들어가기도 하는데 갑자기 사
람을 죽이기 때문에 식인충이라고 했다. 어떤 약으로도 죽지 않으나
파즙을 바르니 죽었다.

신계

무언가 계시하기 위해 나타나는 신령한 닭으로, 주로 하얗다.
닭은 시간을 알려주는 동물인데, 신계는 중요한 일이나 시기,
보물이 있을 때 울음소리로 이를 전한다.
예로부터 우리 민족에게 닭은 특별한 존재였다.
신성함을 보여주는 동시에 액을 막는 수호수의 역할도 톡톡히 하여
다양한 민화에 등장한다.
또 닭의 울음소리는 귀신을 쫓는 벽사의 기능을 겸비한다.
더불어 지네 등 벌레형 괴물이 등장할 때
흰 닭을 집에 두면 이를 쪼아서 막아준다.

분류 • 괴물(조류형)	출몰 지역 • 전국 각지	출몰 시기 • 시대 불문	기록 문헌 • 《삼국유사》, 《삼국사기》 외 민간 설화
특징 • 하늘의 일을 전하고 귀신을 쫓는다.			

문헌

▌ 다음은 《삼국유사》 1권에 기록된 신계에 대한 내용이다.

> 탈해왕 때다. 영평 3년, 8월 4일 밤 호공이 월성 서쪽 마을로 가다
> 가 시림 속에서 큰 빛을 보았다. 자주색 구름이 하늘에서 땅으로 펼쳐
> 져 있는데 구름 속에는 황금색 상자가 나무에 걸려 있었다. 알고 보니
> 빛은 상자에서 나왔다. 흰 닭이 나무 아래에서 울고 있었는데, 호공이
> 이를 왕에게 알리자 왕이 숲으로 가 상자를 열었는데 남자아이가 누
> 워 있다가 곧바로 일어났다.

▌ 강원도 고성군 온정리(북한)에 있는 신라 시대의 사찰 신계사에는 신
계와 관련된 전설이 있다. 절에 있던 한 스님은 새벽마다 목욕재계하
며 부처 앞에 예배를 드렸다. 부처가 이를 갸륵하게 여겨 새벽이면 절
남쪽 바위에서 닭이 울도록 하여 시간을 알려주었다는 것이다.

신록

신이한 사슴이라는 뜻으로, 주로 흰색이나 금색에 가까운 황색 등을 띤다.
신록은 예로부터 신성한 존재로 여겨졌다. 특히 뿔은 하늘과 땅을 이어주는
매개체이자 통로로 알려져 있다. 금관 등에 나뭇가지와 사슴뿔이
자주 보이는 것도 이 때문이다. 왕에게 진상되거나 사냥하기도 하는데
신록을 잡는 것은 위험한 일이다. 가끔 신의 아들이 신록으로 산책하기 때문이다.
주로 왕이 사냥하는 중에 발견되는 것으로 보아
일반인에게는 보이지 않는 영수다. 비슷한 것으로 신장(신이한 노루)이 있는데,
신장은 주로 흰색과 자주색을 띠며 고구려 태조 55년, 중천왕 15년,
장수왕 2년에 사냥 중 발견됐다.

분류 • 괴물(짐승형)	출몰 지역 • 전국 각지	출몰 시기 • 시대 불문	기록 문헌 • 《삼국사기》, 《화랑세기》 외 민간 설화
특징 • 신이한 사슴. 가끔 신의 아들이 변하기도 한다.			

문헌

▐ 《화랑세기》에 숙명공주가 꿈에 황색 신록을 보고 보리공을 낳았다고
전해진다. 이처럼 예사롭지 않은 인물을 점지할 때 신록이 등장하기
도 한다.

▐ 《성호전집》 7권에서 화살 맞은 사슴이 서신일의 집으로 들어와 화살
을 뽑아주고 이를 숨겨준 기록이 등장한다. 꿈에 한 신인이 나타나 이
를 사례했는데 "그 사슴은 나의 아들이오. 그대 덕분에 죽지 않았소.
내 사례로 그대 자손들이 대대로 경상(재상)이 되게 해드리겠소"라고
말했다. 서신일의 나이가 여든이었는데, 아들 서필을 낳았고 그 아들
서희와 그의 손자 서눌에 이르기까지 모두 재상이 됐다고 한다.

▐ 《삼국사기》에 백제 기루왕 27년, 백제 온조왕 5년에 신록을 사냥하여
잡았다는 기록이 있다.

신봉

신령하고, 신비한 벌. 크기는 일반 벌보다 큰 편으로,
성인 남성의 주먹만 하다. 시체를 매장하는 장소를 '묘혈'이라 하는데,
묘혈 부근에서 자주 발견되고 주로 땅속 큰 바위 등의
밑에 숨겨져 있는 경우가 많다. 풍수적으로 좋은 묫자리에서 발견되는데,
신봉이 묘 안에 있으면 후손들의 앞날이 잘 풀리고 빠져나오면 잘 풀리지 않는다.
신봉은 묘혈을 누설하거나 묘혈에 무언가를 하려고 할 때 공격하는데,
한 번 쏘이면 고통을 느낄 새도 없이 즉사한다.
주로 무리를 지어 움직이고, 자손의 수만큼 떼를 짓는다.

분류 • 괴물(벌레형)	출몰 지역 • 묘혈 밑	출몰 시기 • 조선 중기	기록 문헌 • 《어우야담》
특징 • 묘혈 바위 밑에서 서식하는 신묘한 벌이다.			

문헌

▮《어우야담》에 소세양 삼 형제가 부친의 묫자리를 구하면서 신봉을 목
격한 이야기가 나온다. 그 이야기는 다음과 같다.

소세양 삼 형제가 땅을 파고 묘혈를 찾아가니 커다란 돌이 하나
자리하고 있었다. 그 돌을 살짝 살펴보니 커다란 벌 세 마리가 있었다.
이 벌들의 크기는 모두 주먹만 했고 매우 사나워 보였다. 놀란 형제는
돌을 덮으려 했지만 벌 한 마리가 이미 날아가 묘혈을 알려준 지관에
게 항했다. 벌은 지관의 뒤통수를 쏘았고 지관은 땅에 엎어져 바로 즉
사했다. 소씨 형제는 후에 모두 높은 품계에 올라 성공했지만, 한 명은
잘 풀리지 않아 귀하게 되지 못했다. 이는 신령한 벌이 묘혈에서 빠져
나가 그렇게 된 것이다.

신
오

신령한 까마귀. 주로 하늘의 계시나 메시지를 전해준다.
이를테면 계시가 담긴 함을 물어준다거나,
사람의 말로 특별한 메시지를 전하는 식으로 말이다.
이러한 메시지나 계시는 모두 신의 의지이기 때문에
까마귀는 신의 의지를 전하는 메신저에 가깝다.
일반적으로 까마귀는 영묘한 동물로 묘사되는 경우가 많은데,
특히 붉은 까마귀는 상서로운 존재로 기록된다.
고구려 대무신왕 때에는 머리가 하나, 몸이 둘인 붉은 까마귀가 등장한다.
또 메신저로 오작교에 동원돼 견우와 직녀가 만나는 데 도움을 주기도 한다.
이러한 까마귀들은 모두 신오이거나 그에 가깝다고 할 수 있다.

분류 • 괴물(조류형)	출몰 지역 • 전국 각지	출몰 시기 • 시대 불문	기록 문헌 • 《용재총화》, 《삼국유사》, 《삼국사기》 등
특징 • 신의 메시지나 계시를 전한다.			

문헌

▌《삼국사기》 14권에 신령한 까마귀가 기록돼 있다. 고구려 대무신왕 3년의 기록인데, 이 까마귀는 대무신왕이 부여왕에게 받은 것이다. 진상받은 까마귀의 머리는 하나고, 몸은 둘이었다고 한다.

▌《삼국유사》 5권에는 지통이라는 어린 스님의 이야기에 말하는 까마귀가 등장한다. 원래 노비였던 이 스님은 일곱 살이 되던 해에 까마귀가 날아와 울면서 "영취산에 들어가 낭지의 제자가 돼라"라고 말했다고 한다.

▌《용재총화》에 기록된 내용은 다음과 같다.

신라왕이 정월 15일에 천천정에 행사했는데, 이때 까마귀가 은으로 된 함을 물어놓았다. 함에는 "열어보면 두 사람이 죽고 그렇지 않으면 한 사람이 죽는다"라고 쓰여 있었다. 이에 열어보니 "거문고 갑을 쏘라"라고 써 있었고, 왕이 말을 타고 궁에 있는 거문고 갑을 쏘자 그 안에 사람이 있었다. 이는 반역을 꾀한 왕비와 번수승이 왕을 죽이기 위해 수를 써놓은 인물이었다. 왕은 왕비와 중을 잡아 죽였다.

아기장수

우투리 설화 등에 등장하는 괴물로, 겨드랑이에 날개가 달려 날 수 있다.
아기장수는 영웅이 될 상이라는 이야기가 있어,
높은 관직에 있는 사람들은 자신에게 해가 될까 봐 보이는 족족 죽였다고 한다.
그래서 아기장수가 태어나면 부모나 이웃이 죽이는 일도 허다했다.
단, 일반적인 방법으로는 죽지 않아서 쌀 한 가마를 포개놓거나
사흘 내내 쇠몽둥이로 쳐야 할 정도였고, 죽이려다 실패하기도 했다.
또 엄청난 힘을 가졌는데 이는 성인의 힘을 넘어선다.
독특한 도술을 쓰는 아기장수도 있어 곡식으로 병사나 무기,
병마를 만들기도 한다.

분류 • 괴물(인간형)	출몰 지역 • 전국 각지	출몰 시기 • 시대 불문	기록 문헌 • 《삼국사기》 및 민간 설화
특징 • 겨드랑이에 날개가 달렸다. 힘이 세다.			

문헌

▌《삼국사기》13권에는 날개 달린 사내의 이야기가 등장한다. 임금이
사냥하다 한 사내를 만났는데 양쪽 겨드랑이에 깃이 달려 있었다. 이
에 임금은 우씨(羽氏)라는 성을 내려주고 딸과 결혼시킨다. 이 사내가
아기장수로 추정된다.

▌아기장수에 대한 문헌 기록은 거의 없으며 대부분 구전으로 전해진
다. 그중《구비문학대계》에 적힌 이야기를 소개하면 다음과 같다.

   그래 두 내외 나와서 인저 가마안히 숨어서 지켜보니까, 아니나
달러? 이 어린애가 착 나오더니, 방을 막 사방 나비처럼 날러 댕기능
기여 어린애가. 그래 인제 옛날이는 머, 옛날에는 장수가 나머넌 머 삼
족을 멸하느니 워짜느니 그런 얘기가 있으니까는, "이거 우리 멸망할
테니까 이거 틀림없이 죽이야 된다."

양광인

태양빛에서 나온 인간으로, 태양의 정기를 받았다.
놀랍게도 잠자리를 갖지 않은 여인이 임신하여 갑작스레
양광인을 낳는 경우가 더러 있다. 양광인을 잉태한 여인들의 이야기를 들어보면
일정 기간 동안 매일 같은 자리에서 오줌을 누며 태양빛을 받았더니
저절로 임신이 돼 아이를 잉태했다고. 다만 아무 곳에 오줌을 눈다고
양광인을 잉태할 수 있는 것은 아니다. 오줌 누는 장소에서 신비한 기운이
느껴져야 하는데 일반인이 이를 감지하기란 쉽지 않다.
어찌 됐든 양광인의 아버지는 태양광인 셈이다.
이렇게 출산한 아이는 명석하고 비범하여
위인이 될 가능성이 매우 높다.

분류 • 괴물(인간형+자연형)	출몰 지역 • 미상	출몰 시기 • 미상	기록 문헌 • 조선민담집
특징 • 태양광을 아버지로 둔 아이로, 명석하고 비범하다.			

문헌

▌《조선민담집》에 태양광으로 양광인을 임신한 기록이 등장한다.

　　어떤 정승의 아들이 부인을 맞았다. 신혼 첫날밤 부인이 아이를 낳았는데 남편은 놀랐지만 이를 스스로 받아서 마치 누가 버린 척 대문에 두었다. 그리고 사람을 시켜 울음소리가 들리니 나가보라고 했고 아이를 데려와 다시 부인에게 맡겨 키우게 했다. 즉, 진짜 어머니에게 다시 아이가 돌아간 것이다. 나중에 남편은 아내에게 어떠한 연유로 첫날밤에 아이를 낳았는지 물어보았다. 부인이 "제가 처녀 때 항상 뒤뜰에서 오줌을 누곤 했습니다. 오줌을 누고 나면 그 자리에는 태양빛이 이상하게 쬐었는데 매우 신기한 느낌이 들었습니다. 그래서 오줌이 마려울 때면 늘 같은 장소에서 누었습니다. 다른 남자는 상대한 일이 없으니 그 때문이 아닐까 합니다"라고 했다. 그 부인의 아들은 후세에 위대한 사람이 됐다고 전해진다.

어화인봉

물고기가 기린이나 봉황으로 변한 것.
우리나라에서는 주로 사슴으로 변하는 경우가 많은데, 사슴, 기린, 봉황 모두
신성한 존재여서 오래된 물고기가 영수가 된 것이 아닐까 추정한다.
주로 제주 지방에서 많이 발견됐는데,
제주에서는 사슴을 다 잡아버려도 금방 또 생겨 번식했다.
송나라 때는 어떤 짐승이 죽은 채 발견됐는데 10길(약 30m)이 넘고
몸은 물고기처럼 생겼으나 턱이 찢어져 죽었다고 한다.
이는 물고기가 용이 되기 직전에 죽은 것으로 추정된다.
이처럼 물고기는 다양한 영수로 변할 수 있다.

분류 • 괴물(짐승형+어류형)	출몰 지역 • 제주 인근	출몰 시기 • 시대 불문	기록 문헌 • 《성호사설》
특징 • 오래된 물고기가 기린, 봉황, 사슴, 용으로 변한다.			

문헌

▌《성호사설》4권 〈만물문〉에는 사슴이 된 물고기의 이야기가 기록돼 있다.

바다로 둘러싸인 산과 제주에는 유독 사슴이 많다. 모두 잡아 없 애도 다음 해가 되면 번식하는데, 이는 물고기가 사슴으로 변하기 때 문 아니겠는가? 송나라 때 어느 마을에 한 짐승이 죽은 것이 발견됐 는데 길이는 10길 이상이고 몸은 물고기와 같으며 턱 밑 부분이 찢어 져 죽었다. 이는 물고기가 용이 되는 과정에서 죽은 것인데 용이 다 되 기 전에 다른 용과 싸운 것이다. 아마 이런 사건 없이 오랜 시간이 지 났다면 반드시 용이 됐을 것이다. 사슴의 몸에서 물고기 비늘이 발견 되는 것이 바로 이러한 이유 때문이다. 또 공자가 서쪽을 향할 때 기린 이 물고기에 지나지 않는 것을 알아챘다. (중략) 봉황도 역시 마찬가지 다.《남화경》에 적힌 대붕도 물고기가 변화한 것이다.

영노

반은 사람이고, 반은 짐승인 괴물.
보기만 해도 무서운 흉한 모습을 가지고 있다.
늘 입으로 비비 소리를 내며 양반을 위협하기에 '비비'라고도 불린다.
붉은색 얼굴에 삼각형의 날카로운 이빨을 가진, 험상궂은 얼굴이 특징이다
(하지만 조류형 얼굴이라거나 얼굴에 뿔이 달렸다 등 모습은 지역마다 다르게 표현된다).
영노는 밥, 떡, 나무, 쇠 등 무엇이든 먹지만 그중 꼭 먹어야 하는 게 있다면
바로 양반이다. 양반 100명을 먹으면 하늘로 올라갈 수 있기 때문이다.
그래서 이무기가 아니냐는 추측도 있는데 개인적으로 동일한 존재로 보지 않는다.
경남 가면극에서만 등장하는 괴물이다.

분류 • 괴물(인간형+짐승형)	출몰 지역 • 경상남도	출몰 시기 • 시대 불문	기록 문헌 • 경남 지역 가면극
특징 • 양반을 100명 먹으면 하늘로 승천한다.			

문헌

▌ 영노는 민담, 문헌에도 등장하지 않는 괴물이다. 오로지 경상남도 가면극에서만 등장하는데 가면극의 종류에 따라 그 형태가 다르다. '수영야류', '동래야류'에 나오는 영노는 반인반수의 모습이다. 반면 통영 '오광대'에 나오는 영노는 푸른 용의 모습에 새 부리를 갖고 있다. '고성오광대'의 영노는 두 개의 뿔에 어금니가 튀어나온 녹색 야차의 모습이다.

▌ 다음은《고성오광대》에 나오는 영노와 양반의 대화다.

　　　　양반: 어데서 무엇 먹고 살았노?
　　　　비비: 저 삼각산서 네 같은 양반 99명을 잡아먹고 너를 먹으면
　　　　　　　 100명이다.
　　　　양반: 아따 그놈 참 겁난다. 다른 것은 못 먹나?
　　　　비비: 오만 것 다 잘 먹는다.

오색운

오색 빛깔(빨강, 파랑, 노랑, 하양, 검정)을 띠는 구름으로,
천수관음이 손에 쥐고 있는 구름으로도 알려져 있다.
주로 왕이 행차하거나 머무를 때, 신비한 물건이나 사람이 나타날 때,
신이 강림할 때, 범상치 않은 인물이 태어날 때와 같이
주로 신비한 일이 있을 때 나타난다. 이렇듯 오색운은 구름이라기보다
신령한 존재가 뿜어내는 다섯 가지 기운에 가깝다.
오색운 이외에 자주색을 띤 자색운도 간혹 문헌에 나타나는데,
자색운은 주로 신비한 물건이나 터가 있는 곳에서 발견된다.
그에 반해 오색운은 신령한 인물, 왕가의 인물과 관련하여 등장한다.

분류 • 괴물(자연형)	출몰 지역 • 전국 각지	출몰 시기 • 시대 불문	기록 문헌 • 《삼국유사》 및 기타 문헌
특징 • 신령한 인물이나 왕가의 인물이 나올 때 등장한다.			

문헌

▮《삼국유사》1권에 기록된 오색운은 왕과 함께 등장한다. 도화랑의 남편이 죽고 왕이 구혼하여 7일간 집에 머무르는데 이때 오색운이 7일간 덮여 있었다고.

▮《삼국유사》3권에도 고구려 성왕이 국경 지역에서 오색운을 발견하고 그 속으로 들어가니 지팡이를 든 기이한 승려가 있었다는 기록이 있다. 또 제석신이 흥륜사 왼쪽 경루에 내려와 열흘간 머물렀는데 이때에도 오색운이 발생했다.

▮《삼국유사》4권에는 원효대사의 이야기가 등장한다. 원효대사의 어머니가 해산할 때 오색운이 땅을 덮었다고 한다.

옥토끼

달에 사는 토끼. 계수나무 밑에서 떡방아를 찧는 모습으로 많이 알려져 있다.
옥토끼는 한국뿐 아니라 중국, 일본 문헌에도 자주 기록돼 있고,
옥토끼만큼 옥두꺼비도 문헌에 많이 등장한다.
옥토끼가 방아를 찧어 떡을 만든다고 생각하겠지만
토끼가 만드는 것은 선약이다. 이 선약은 바로 불로장생약이며
반드시 계수나무 아래에서 제조한다. 계수나무 밑에서 제조하는 이유는
계수나무가 불사목(죽지 않는 나무)이기 때문이다.
이렇게 제조하다 보면 옥토끼도 해와 달의 정기를 받고
음양의 기운을 받아들이게 된다.
꼭 달이 아니더라도 옥토끼는 천 년을 사는 영물이며,
민간에서도 장수의 상징으로 알려져 있다.

분류 • 괴물(짐승형)	출몰 지역 • 달	출몰 시기 • 고대부터 현재까지	기록 문헌 • 《토별가》, 고구려 고분벽화 등
특징 • 계수나무 밑에서 선약을 찧는다.			

문헌

▌ 고전 작품 《토별가》에 옥토끼를 설명하는 구절이 나온다.

   토끼라 하는 것이 (중략) 월궁(달 속의 궁전)으로 들어가서 계수나무
   그늘 속의 장생약을 찧을 적에 음양의 기운이 들어 눈이 매우 밝더라.

▌ 고구려 고분벽화 천장에는 북두칠성을 포함한 다양한 성좌와 해, 달
   장식이 존재한다. 재미있는 것은 해는 삼족오, 달은 토끼나 두꺼비와
   매치했다는 점이다. 즉, 옥토끼는 오래전부터 내려오는 우주형 괴생
   물체인 것이다.

용마

말로 변화한 용으로, 엄밀히 말하면 용이다.
《서유기》에서 현장법사가 불경을 가지러 갔을 때 탄 백마가 바로 용마다.
우리나라의 용들은 대부분 바다와 못에 많이 있고,
용마 또한 바다와 못에서 많이 목격되는 편이다.
바다 위를 마치 들판처럼 달리는데 그 모습이 마치 번개나 바람과 같이 빠르고,
갈기와 꼬리는 서리와 눈처럼 하얗다.
용이 말로 변하면 고삐를 채워 길들이거나 탈 수 있는데,
초나라 항우가 연못에 사는 용을 길들였다는 이야기도 있다.
천마와 용마는 모두 백마로 목격되지만, 확연히 다른 종자다.
천마는 하늘에서 내리는 영수이고, 용마는 용이 변한 영수이기 때문이다.

분류 •	출몰 지역 •	출몰 시기 •	기록 문헌 •
괴물(짐승형)	보령, 치악산	시대 불문	《어우야담》 외 민간 설화

특징 •
용이 변하여 된 말. 번개와 바람처럼 빠르다.

문헌

▌《어우야담》에 기록된 용마는 보령에서 목격됐다. 그 내용은 다음과 같다.

> 보령 바닷가에는 흰 용마가 가끔 바다 위로 올라오곤 했다. 파도 위로 뛰어올라 넓은 물결을 마치 평지처럼 달렸다. 달리는 모양새는 번개처럼 혹은 바람처럼 빨랐다. 갈기와 꼬리는 말과 꼭 같이 생겼는데 서리나 눈처럼 희었다.

▌치악산 상원사와 백련사의 주지 스님이 본처와 소실을 각 설에 두고, 먼 거리를 용마로 번개처럼 오갔다는 설화는 꽤 유명하다. 결국 화가 난 본처가 용마를 굶겨 힘이 없게 만들었는데 그러다 고꾸라져 용마가 결국 절벽으로 떨어졌다. 그 용마의 발자국이 아직도 남아 있는데 이곳을 '용마암'이라고 이름 붙였다.

우렁각시

평소에 우렁이 속에 지내다가 사건이나 일이 생기면
껍질 밖으로 나오는 미녀 인간형 괴물이다.
되도록 자신의 정체를 드러내지 않도록 주의하는 편으로,
마음에 드는 남성에게 먼저 말을 걸어 우렁이를 집에 데려가게 한다.
일정 기간 동안 남성의 집에서 하기 어려운 집안일을 도와주면 인간이 돼
혼인할 수 있다. 다만 그 기간을 지키지 않고 그냥 눌러살면
비극적인 결과를 도래할 수 있다.
가끔 고동이나 조개 등에도 거주한다.

분류 • 괴물(인간형)	출몰 지역 • 미상	출몰 시기 • 미상	기록 문헌 • 민간 설화
특징 • 우렁이 밖으로 나오면 인간 낭자로 변한다.			

문헌

▌ 우렁각시의 내용은 모두 알지만 그중 비극적인 구전의 갈래도 있다. 그 내용은 다음과 같다.

한 젊은 총각이 일하며 한탄하자 어디서 응답 소리가 들렸다. 그 소리를 따라가 보니 우렁이가 있었고 총각은 이를 집으로 가져가게 된다. 그리고 그다음 날부터 이상한 일이 일어나는데, 일을 다녀오면 밥상이 차려져 있다거나 청소가 돼 있는 것이었다. 이상하게 여긴 총각이 몰래 숨어서 지켜보니 우렁이에서 한 미녀 낭자가 나와 식사를 준비하는 것이었다. 총가은 이를 보고 그 미녀 낭자를 잡으며 들어가지 말라고 했으나 우렁각시는 조금만 더 기다려 달라고 이를 거부한다. 하지만 총각은 이를 무시하고 우겨 결국 같이 살게 된다. 어느 날 총각이 일을 떠난 날 원님이 아름다운 낭자 소문을 듣고 납치해간다. 총각은 이에 너무 슬퍼하며 울다 죽어 새가 되고 우렁각시도 이를 슬퍼하다 따라 죽는다.

유인수

사람을 꾀어내는 짐승이라는 뜻. 이 괴물은 웅덩이 한가운데 있는
구멍 속에 머무르며 환각을 보여주고 행인을 꾀어낸다.
남자가 지나가면 여자를, 여자가 지나가면 남자를 보여주며 유혹하는데
늙은 백발노인을 보여주기도 한다.
아마도 가장 취약한 부분을 보여주며 꾀는 듯하다.
환각에 홀려 웅덩이로 들어가면 자기도 모르게
머리를 물 밑바닥 구멍에 처박게 되는데 시간이 지나면 익사한다.
늙은 자라가 변한 것이 아니냐는 이야기도 있지만,
이는 확실치 않다. 정확한 이미지가 묘사되지 않아
어떻게 생겼는지도 알려지지 않았다.

분류 • 괴물(인간형)	출몰 지역 • 연산 평야	출몰 시기 • 조선 후기	기록 문헌 • 《어우야담》
특징 • 매혹적인 인간으로 변하여 물속으로 끌어들인다.			

문헌

▌《어우야담》에는 웅덩이 속 괴물이 기록돼 있다.

연산의 한 평야 웅덩이에서 목격됐는데 못의 넓이나 깊이가 그리 크지 않았다. 웅덩이 속 가운데에는 작은 구멍이 있는데 사람을 꾀어 그리로 들어가는 괴물이 있었다. 웅덩이 근처에는 괴이한 것이 보였는데, 남자가 보면 여자로 여자가 보면 남자로 보여 유혹했다. 이런 경우는 한두 번이 아니었다.

한 스님이 웅덩이를 지나다 들어가서 나오지 않은 적이 있었는데 마을 사람들이 살펴보니 웅덩이 구멍에 몸이 절반쯤 들어가 죽은 지 오래였다.

또 마을의 한 어린아이가 다른 아이들과 함께 수영하다가 들어갔는데 역시 오래 지나도 나오지 않았다. 친구들이 이를 부모에게 알리고 급히 구했는데 아이의 머리가 구멍에 박혀 죽은 듯했다. 아이를 땅 위에 눕히자 얼마의 시간이 지난 후 다시 숨을 쉬기 시작했다. 아이가 말하길 백발노인이 버드나무 숲 아래에 있다가 꾀어서 따라 들어갔다고. 애초에 물이 있는 줄도 몰랐다고 한다.

이무기

커다란 뱀의 형태인 용이 되지 못한 괴물이다.
눈이 동그랗고 갑옷 같은 비늘로 뒤덮여 있다.
뿔이 있다는 기록이 간간이 있는데 이는 중국 이무기이며
한국 문헌에 표현된 이무기에는 뿔이 없다.
구전에 따르면 천 년을 굴이나 물에서 수련하면 용이 될 수도 있다고 알려져 있다.
'강철이'와 자주 비교되는데 강철이가 네발짐승이라면,
이무기는 뱀의 형태에 가깝게 묘사된다.
이무기의 간절한 바람은 용으로 승천하는 것.
종종 사람을 도와주거나 수련하여 승천하는 경우가 목격된다.
하지만 대부분 이무기는 사람의 가축을 먹거나
곡식을 해하는 등 악독하게 묘사된다.

분류 • 괴물(짐승형)	출몰 지역 • 전국 각지	출몰 시기 • 시대 불문	기록 문헌 • 《성호사설》, 《오주연문장전산고》 외 민간 설화
특징 • 용이 되지 못한 한을 독기로 뿜어낸다.			

문헌

▮ 《성호사설》에서는 이무기를 다음과 같이 설명하고 있다.

> 깊은 못에 숨어 있다가 솟아오르면 하늘에 가 있기도 하고, 움직
> 이면 바람과 우레가 따르게 된다. 몸에는 갑옷과 같은 비늘이 덮여 활
> 로 쏴 잡을 수 없다.

▮ 《오주연문장전산고》에는 독특하게 이무기의 눈동자가 기록돼 있다.
바로 "이무기는 눈이 둥글고"라는 기록이다.

▮ 《어우야담》에는 화포장이 이무기를 잡는 내용이 나오는데, 칼을 갈아
바닥 길 가운데 줄지어 박아두는 것이다. 이무기가 이를 지나다 배가
갈라져 죽었으며, 뱃속에 진주와 옥돌, 야광주, 조승주 등이 있었다고
한다.

이어인

사람으로 변하는 잉어. 인어와 비슷하다고 생각할 수 있지만,
인어가 사람을 닮은 물고기라면 이어인은 용국인으로 전혀 다르다.
주로 용왕의 여자 자손들이 잉어로 변하는데, 운이 나빠 사람에게 잡히면
그 사람과 혼인해야 한다. 인간 세상에서 3일간 머물러야 사람으로 변할 수 있는데,
이는 우렁각시와 비슷한 맥락이다. 용왕의 자손들은 신과 가까운 존재이기에
신통력도 부릴 수 있는데 집이나 먹을 것을 만들어내기도 한다.
다만 잉어가 된 이어인의 모습을 결혼한 이가 보게 된다면 단호하게 떠나야 한다.
사라질 때는 인간 사이에서 잉태한 아이들도 모두 데려간다.

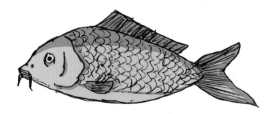

분류 • 괴물(짐승형+어류형)	출몰 지역 • 미상	출몰 시기 • 미상	기록 문헌 • 《조선민담집》
특징 • 용왕의 여자 자손으로, 잉어에서 사람으로 변한다.			

문헌

▌《조선민담집》에 기록된 이어인은 다음과 같다.

옛날에 가난한 어부가 있었다. 하루는 큰 잉어를 잡았는데 회로 먹기 위해 집으로 가져와 장독에 넣어두었다. 다음 날 아침, 부엌에서 무슨 소리가 들려 몰래 다가가니 잉어가 예쁜 여인이 돼 밥을 짓고 있었다. 그는 여인에게 청혼했고 여인은 자신을 용왕의 딸이라 하며 3일을 더 참아야지 완전하게 사람 같아진다고 했다. 어부는 3일을 기다려 결혼했고 세 남매를 낳아 행복하게 살고 있었다. 하루는 여인이 자신이 목욕할 때 절대 보지 말 것을 당부했다. 어부는 궁금증을 이기지 못하고 욕실을 엿보았고 잉어로 변한 아내의 모습을 보았다. 잉어는 곧 여인으로 변해 인연이 끝났음을 알리고 자녀를 데리고 떠나갔다. 남편은 슬퍼했으나 3년 후 하늘에서 목소리가 들려왔고 아내가 내려왔으며 함께 천상으로 가 행복하게 살았다.

이조

이상한 새라는 뜻으로, 말 그대로 생김새가 기존의 새들과 다르다.
일단 신장이 다섯 자(약 1.5m)로, 온몸에 검은빛을 띤다.
두상도 큰데 마치 다섯 살 어린아이 머리 정도의 크기고,
긴 부리는 한 자 다섯 치(45cm 정도)이며, 소름 끼치게 눈은 사람 눈과 비슷하다.
먹는 양도 어마어마해 위장도 다섯 되 그릇만 하다.
딱히 사람을 해치지 않고, 주로 연못 등지에서 서식한다.
나라에 안 좋은 일이 있을 때 이를 경고하기 위해 등장하며,
수명이 길지 않아 보기 어렵다.

분류 • 괴물(조류형)	출몰 지역 • 청주	출몰 시기 • 삼국 시대	기록 문헌 • 《삼국사기》
특징 • 신장이 크고, 눈이 사람과 비슷하다.			

문헌

▌《삼국사기》10권에 기록된 이조의 모습이다.

현덕왕 14년, 청주 태수 청사 남쪽 연못에 이상한 새가 나타났다. 키가 다섯 자나 됐으며 온몸의 빛깔이 검었다. 머리는 다섯 살 아이의 두상처럼 컸는데 부리의 길이 또한 한 자 다섯 치나 됐다. 눈은 사람의 안구와 비슷하고 위장은 다섯 되 그릇만 했는데 사흘이 지나 사망했다. 이는 김헌창이 패망할 징조다.

▌중국 구전에 '해부(海鳧)'라는 새가 등장한다. 바닷기에 서식하는 전설의 새지만 종종 육지에서도 목격되는데, 이 새가 나타나면 천하가 어지러워진다고 알려져 있다. 이러한 부분을 보아 이조 또한 해부와 동류가 아닐까 추정된다.

인면조

2018년 평창올림픽에 등장하여 인기몰이한 괴물.
새의 몸과 사람의 얼굴을 하고 있으며, 하늘과 땅을 이어주는 상서로운 존재다.
통칭하여 인면조라 부르지만, 자세히 살펴보면
조금씩 다른 모양새를 하고 있는데 이에 따라 '천추', '만세' 등으로 불리기도 한다.
'천추만세(千秋萬歲, 천년만년 산다는 의미)'라는 이름에서 느껴지다시피
인면조는 영생물로, 도교 사상에서 찾아볼 수 있는 모자를 쓰고 있다.
주로 벽화에 기록돼 있고, 대부분 여성 신수이지만 드물게 남성 신수도 있다.
서양 판타지에는 '세이렌'이나 '하피' 등 비슷한 몬스터가 존재하나
그들은 사람을 유혹하여 해하는 존재로, 인면조와 갈래가 다르다.

분류 • 괴물(인간형+조류형)	출몰 지역 • 전국 각지	출몰 시기 • 삼국 시대	기록 문헌 • 고구려 무용총, 덕흥리 벽화 등

특징 • 영생의 상징. 하늘과 땅을 이어주는 매개조다.			

문헌

▌ 인면조는 고구려, 백제, 신라의 벽화에서 고르게 드러난다. 이는 인면
조가 특정 나라에서만 발견된 것이 아닌 한반도 전역에 걸쳐 활동했
음을 보여준다.

고구려의 덕흥리 고분, 무용총 벽화에 새겨져 있는데 우리가 흔히 아
는 인면조의 모습을 띤다. 평창올림픽에서 사용된 인면조 이미지는
이들 벽화에서 참조하여 제작됐다. 덕흥리 벽화에는 천추와 만세의
이름이 새겨져 있다.

백제는 백제금동대향로, 무령왕릉 출토 동탁은잔 등에서 그 흔적을
찾을 수 있다. 다만 고구려의 것보다는 모습이 조금 더 심플하다.

신라는 식리총에서 출토된 금동식리에서 그 형태를 찾을 수 있다. 생
김새는 고구려의 그것들과 흡사하다.

인어

사람의 형태를 하고 물속에 사는 종족이다.
안데르센 동화에 나오는 모습과는 다르다.
나이를 먹을수록 그 모습이 사람과 비슷해지는데,
등에 희미하게 검은 무늬가 있다. 귓바퀴가 뚜렷하고, 얼굴은 서양인과 흡사하다.
아름답고 고우며 콧대가 우뚝 솟아 있고 눈동자는 황색을 띤다.
수염은 누런데 검은 머리털이 이마를 덮고 있다.
몸 색깔은 옅은 적색인데 어떤 부분은 백색이기도 하다.
성기의 모양이나 생김새가 인간과 비슷하고,
손바닥과 발바닥 가운데에 주름 무늬가 있다.
헤엄치는 모습은 마치 거북이와 같고, 눈물은 하얀색이다.
인어는 기름을 취할 목적으로 많이 사냥당하는데
일반적인 기름보다 쉽게 상하지 않아 오래 간다고 한다.

분류 • 괴물(짐승형+어류형)	출몰 지역 • 바다 및 해안	출몰 시기 • 시대 불문	기록 문헌 • 《어우야담》
특징 • 인간을 닮았다. 헤엄을 치며 물속에 산다.			

문헌

《어우야담》에 인어의 이야기가 두 번 등장한다.

첫 번째는 김담령의 이야기다. 한 어부가 고기잡이를 나가 인어 여섯을 잡았는데, 그중 둘은 창으로 찔러 죽이고 넷은 살아 있어 확인시켜주었다. 김담령이 이 인어를 확인했는데 모두 네 살 아이 크기로, 얼굴이 아름답고 고왔다. 콧대는 우뚝 솟고 귓바퀴는 또렷했는데 수염은 노랗고 머리털은 검었다. 눈동자는 황색이었는데 몸에 적색과 백색이 섞여 있었다. 또 등에 검은 무늬가 있고 성기가 남녀의 그것과 똑같았으며 손, 발바닥 사이에 주름이 있었다. 사람과 다름없이 생겼는데 별다른 소리 없이 하얀 눈물만 흘리고 있었다.

김담령이 이를 불쌍히 여겨 인어를 놓아주라 하자, 어부는 인어 기름은 고래기름처럼 상하지 않고 오래 간다며 아쉬워했다. 이를 뺏어 바다로 보내니 거북이처럼 헤엄쳐서 갔다고 한다.

두 번째는 영광 태수 김외천의 못에서 발견됐는데, 연못에 쓴 열매의 즙을 뿌리자 사람 크기의 여자와 같은 물고기가 떠올랐다고 한다. 피부는 희고 머리는 풀어헤쳤다고 하니 인어가 아닐까 추측된다.

일촌법사

만년 묵은 쥐. 컴퓨터 게임에 보면 각 층마다 지키고 있는
'보스몹(가장 강한 몬스터)'이 있는데, 일촌법사 또한 궁성 안에서
자신의 자리를 지키는 존재다. 자리를 지키다가 적이 나타나면
자신의 가늘고 긴 꼬리를 번개처럼 둘둘 돌리며 술법을 부린다.
이렇게 꼬리를 둘둘 돌리면 꼬리에서 폭포수가 솟아 나와 주변을 물바다로 만든다.
물의 양은 일촌법사가 마음대로 조절할 수 있는데,
많이 솟을 때는 수위가 높아져 섬 하나가 바다에 빠질 정도라고 한다.
일촌법사 외에도 동물이 나이를 많이 먹으면 신통력이 생기는데
천 년 묵은 곰은 입에서 불을 뿜는다 하고,
천 년 묵은 여우는 천문을 외며, 만 년 묵은 호랑이는 둔갑하기도 한다.

분류 • 괴물(짐승형)	출몰 지역 • 미상	출몰 시기 • 미상	기록 문헌 • 《조선민담집》
특징 • 만 년 묵은 쥐로 꼬리에서 물을 뿜어낸다.			

문헌

◗《조선 민담집》에는 만 년 묵은 쥐인 일촌법사와 그 외의 다른 신통력
있는 동물들이 나라와 임금을 공격하는데, 김소년이라는 장군이 이를
물리치는 이야기가 등장한다. 내용을 정리하면 다음과 같다.

　　김장군이 궁성에 다다라 강아지로 변신하여 살피고 있었다. 궁성
입구에는 천 년 묵은 곰이 있었으며 입에서는 불을 뿜고 있었다. 궁성
안에는 천 년 묵은 여우가 있었고 천문을 욀 줄 알았다. 또 그 옆에는
만년 묵은 쥐가 있었는데 일촌법사라고 불렸다.

일촌법사는 꼬리가 가늘고 길었는데 둘둘 돌려대니 마치 번개와 같
았다. 그의 꼬리에서는 폭포수처럼 물이 샘솟았다. 또 만 년 묵은 호랑
이도 있었는데 둔갑에 매우 뛰어났으며 불을 조정하여 김장군의 진
영에게 피해를 입히기도 했다. (중략) 만 년 묵은 쥐인 일촌법사는 꼬
리에서 큰물을 뿜어내 섬을 바다에 잠기게 했다. 이에 김장군은 임금
을 데리고 다른 섬으로 이동했다.

자토룡

자주색 지렁이라는 말로, 실제 괴물의 이름은 아니다.
견훤 설화에 등장하는 커다란 지렁이로, 인간으로 둔갑하는데
엄밀히 말하면 견훤의 아버지다. 인간을 유혹하여 잠자리에 들게 하는데
이때는 자주색 옷을 입은 미남자로 변신한다. 이렇게 인간 여자를 유혹하는 이유는
단순히 인간 여자에 대한 호감이 아닌 생식 때문이라고 추정한다.
몸에 조금이라도 상처가 나면 그것이 덧나 얼마 지나지 않아 사망한다.
결국 인간으로 변할 줄만 알지 생각보다 예민한 신체를 가진 것이다.
크기는 인간 정도로 추정되며 일반 지렁이보다 크다.

분류 •	출몰 지역 •	출몰 시기 •	기록 문헌 •
괴물(인간형+벌레형)	광주 북촌	삼국 시대	《삼국유사》

특징 •
인간을 유혹하여 생식한다. 생각보다 예민하다.

문헌

▌《삼국유사》에 적힌 자주색 지렁이에 대한 기록이다.

옛날 어떤 부자가 광주 북촌에 살았다. 그 부자에게 딸 하나가 있었는데 용모가 매우 단정했다. 어느 날 딸이 아버지에게 "밤마다 자주색 옷을 입은 남자가 제 침실로 와서 잠을 자곤 합니다"라고 말했다. 이에 아버지가 "그렇다면 긴 실을 바늘에 꿰어 남자의 옷에 찔러두어라"라고 했고 딸은 그날 밤 그렇게 했다. 날이 밝고 딸은 실을 따라 이동했는데 북쪽 담장 아래에서 찾을 수 있었다. 놀랍게도 바늘은 죽은 큰 지렁이의 허리에 꽂혀 있었다.

그 후 딸이 임신했는데 남자아이를 출산했다. 그 아이가 15세가 되자 자신을 견훤이라 칭했다.

장두사

머리가 노루 같고 길이는 2길(1길은 어른 키 정도의 길이) 정도의 큰 뱀.
묘두사, 대사와 동류로 추정된다. 주로 사람이 머무는 거주지에서 나타나는데
기록에서는 행랑채에서 발견되기도 했다.
장두사는 덩치에 맞지 않게 작은 구멍 안에서만 지내는데
이를 무서워하여 큰 돌을 쌓아 입구를 막는 것은 무의미하다.
다음 날이 되면 큰 돌이 원래 위치로 돌아가서
마치 아무 일도 없었던 것처럼 되기 때문이다.
이는 장두사의 묘한 신통력 때문으로 보인다.

분류 • 괴물(짐승형)	출몰 지역 • 미상	출몰 시기 • 조선 중기	기록 문헌 • 《대동야승》
특징 • 노루머리를 하고 있는 큰 뱀으로, 신통력이 있다.			

문헌

▌《대동야승》에 중종 시절 부마(임금의 사위)인 이암 송인이 장두사를 목격한 기록이 나온다.

매우 괴상한 일이 아닐 수 없다. 밤이 되면 인적이 드물고 행랑채 쪽으로 무언가가 지나가는 것만 같았다. 이에 집안사람들이 몰래 보니 큰 뱀이었다. 이 뱀은 머리가 노루를 닮았고 길이가 두 길이 넘었다. 또 사람 소리를 들으면 급하게 달아나 남쪽 계단에서 사라지곤 했다. 그곳에 가서 살펴보니 아주 작은 구멍이 있었는데 파보니 끝이 없어 결국 파기를 멈추었다. 결국 큰 돌로 그 입구를 막았으나 다음 날이 되면 구멍은 이전과 같았고 돌들도 원래 있던 제자리로 돌아갔다. 심지어 굴을 판 흔적도 원래대로 돌아가 있었다. 이에 기분이 찝찝하여 집을 팔았다.

장산범

장산범은 20세기에 만들어진 새로운 괴생명체로,
어두운 곳에서도 안광이 밝게 빛나는 호랑이 크기의 괴물이다.
보드랍고 기다란 흰 털로 뒤덮여 있고 눈은 부리부리하고,
발톱은 날카롭고 길며 너무나 빠르게 움직여서 실체를 보기는 쉽지 않다.
'잠들 수 없는 밤의 기묘한 이야기'라는 사이트에서
이슈가 돼 약 30건의 목격담이 줄을 이었다.
주로 부산 장산에서 자주 목격돼, 장산범이라는 이름이 붙었다.
하지만 부천, 정선, 공주, 대전, 김천, 영덕, 목포 등 부산 외에서도 계속 목격되고 있다.
특징은 누군가의 목소리나 자연물의 소리를 흉내 내는 것.
특히 알지 못하는 지인의 목소리까지 똑같이 흉내 낸다고 한다.

분류 •	출몰 지역 •	출몰 시기 •	기록 문헌 •
괴물(짐승형)	장산을 포함한 전국 각지	현대	도시 전설

특징 •
매우 빠른 움직임을 보이고, 사람의 말을 따라 한다.

문헌

▌ '궁금한 이야기 Y' 184화에서 장산범에 대해 특집으로 다뤘으며, 목
격자 인터뷰 내용은 다음과 같다.

> 김동암: 그때 오전 11시쯤이었고요, 6월 말 장마철이라 비가 좀
> 오고 있는데 털이 하얀 동물이, 지금 생각해도 이상한 게,
> 걷는 것처럼, 빠르게 움직이지도 않았는데도 이동 속도
> 가 되게 빨랐어요.

> 김동훈: 목격담을 보니까 흰 털이고, 거의 사람만큼 크고, 기어 다
> 니기도 하고, 그런 얘기를 적어났더라고요, 목격담에. 제
> 가 유추를 해보니까 아마 그게 그거(장산범) 아니었을까.

▌ 〈봉산탈춤〉에 등장하는 사자탈과 장산범의 유사점이 많다. 길고 무성
한 흰 털과 부리부리한 눈, 기이한 움직임과 커다란 몸집이 그것이다.

장자마리

〈강릉 관노 가면극〉에 등장하는 괴물이다.
온몸이 검고 항아리 같은 체형을 하고 있는데, 자신의 체형을 이기지 못해
뒤뚱거리고 자기 발에 걸려 넘어지는 등 다소 어벙한 편이다.
장자마리는 풍요를 상징하는 정령으로, 커다란 몸에 육지에서
나는 나리풀과 해초 말치풀을 붙이고 있다. 암수 장자마리가 있으면
신기한 광경을 볼 수 있는데 바로 허리를 흔들며 교미를 하는 것이다.
혹자는 장자마리의 볼록한 배가 다산을 상징한다지만 이 역시 추측일 뿐이다.
장자마리의 어원은 장자(양반)와 마름(하인)의 합성어라는 설이 가장 유력하다.
이름의 어원이 생김새와 어울리지 않아 조금 의아할 따름이다.

분류 • 괴물(인간형)	출몰 지역 • 강원도 강릉	출몰 시기 • 시대 불문	기록 문헌 • 〈강릉 관노 가면극〉
특징 • 어벙하여 제 몸을 잘 가누지 못한다.			

문헌

▌〈강릉 관노 가면극〉에 등장하는 장자마리는 가면극이 시작하기 전에
등장하여 판을 뒤집어 놓는 역할이다. 검은색 삼베옷에 눈에 구멍을
뚫었고, 대나무로 테를 넣어 몸을 부풀린 형상이다.

장자마리는 다른 문헌이나 탈춤, 그림에 등장하지 않고 오로지 〈강릉
관노 가면극〉에만 등장한다. 즉, 그만큼 정보가 적은데 극에서 배를 퉁
기며 성적인 묘사를 하는 등의 생김새와 행동을 보아 풍요와 다산의
정령으로 추측하는 것이 적합할 것 같다.

장자마리는 극에서 사람들을 웃기는 데 모든 힘을 쏟는다. 이는 실제
괴물의 성격과도 유사할 것으로 추측된다. 즉, 어리숙하고 장난기가
많으며 인간에게 무해한 정령으로 봐도 될 것이다.

장족충

양주 송산의 황금산에서 목격된 벌레. 긴 뿔과 긴 다리가 있으며
매우 기괴하게 생겨 보는 이에게 혐오감을 자아내고,
성격은 굉장히 사나운 편이다.
지상에서는 좀처럼 보기 힘든데 주로 땅속에서 활동하고,
무리 지어 다니지는 않고 한 마리씩 발견되는 편이다.
한 번 사람에게 발견되면 다른 곳으로 이동하기 때문에 다시 발견하기는 쉽지 않다.
이 벌레를 발견하면 혐오감과 공포감을 이겨내고 더 깊이 파보는 것이 좋다.
일정 깊이를 더 파다 보면 보물을 발견할 수도 있기 때문이다.
장족충은 신묘한 보물의 기운을 받으며 활동하는
벌레 혹은 보물을 지키는 수호충 정도로 생각된다.

분류 •	출몰 지역 •	출몰 시기 •	기록 문헌 •
괴물(벌레형)	양주 송산	미상	《어우야담》
특징 •			
긴 뿔과 다리를 가진 벌레로, 보물을 지킨다.			

문헌

▌《어우야담》에는 다음과 같은 장족충의 이야기가 기록돼 있다.

　　양주 송산리 황금산에 터를 잡고 집을 지으려던 서얼 최연의 꿈에 한 신인이 나타났다. 그가 말하길 땅속에 은이 있는데 왜 파보질 않느냐는 것이다. 꿈에서 꾸중을 듣고 깨어난 최연은 일어나자마자 땅을 파보기 시작했다. 하지만 계속 땅을 파도 은은 보이지 않고 괴상한 벌레 한 마리만 있을 뿐이었다. 그 벌레는 기다란 뿔과 기다란 다리를 가지고 있었으며 성질이 사나워 보였다. 공포감과 혐오감에 최연은 땅을 덮었다. 그날 밤 꿈에 신인이 나타나 또 꾸짖기 시작했다. 왜 더 깊이 파보지 않았냐는 것이었다. 최연은 일어나자마자 다시 땅을 파기 시작했고 두어 자를 파 내려가니 벌레는 사라지고 와전(기와와 벽돌)이 나왔다.

조마구

구전으로 전해지는 괴물로, '조마귀'라고도 한다.
조그만 쥐 정도의 크기로 때릴수록 점점 커진다.
송아지 정도까지 커졌을 때 해치려 하면 달려들어 사람을 죽이기도 한다.
정확한 생김새가 알려지지 않았고 기록마다 설명이 다르다.
다만 문헌의 내용을 미루어보아 네발 달린 짐승으로 추정된다.
식탐이 매우 강한 것으로 알려져 있으며, 주로 사람의 음식을 먹고,
잔인하기가 그지없는데 사람을 죽여서 고깃국으로 만들어버릴 정도다.
다만 머리가 조금 우둔한데 불로 태워 죽이는 것으로 퇴치할 수 있다.
'주둥이닷발꽁지닷발'과 동일한 괴물이라는 설도 있다.

분류 • 괴물(짐승형)	출몰 지역 • 미상	출몰 시기 • 미상	기록 문헌 • 민간 설화
특징 • 잔인한 성격을 가졌고, 맞을수록 커진다.			

문헌

■ 구전으로 전해져 오는 조마구의 전설을 정리하면 다음과 같다.

어느 부뚜막에 조마구라는 괴물이 들어왔다. 조마구는 밥, 간장, 반찬 등을 모두 먹으며 웃어댔는데 그 집의 어머니가 이를 발견했다. 어머니는 매우 놀라 조마구를 마구 막대기로 때렸지만 때릴수록 커질 뿐이었다. 조마구는 결국 어머니를 죽여 어머니의 살로 고깃국을 끓여두었다. 아들은 나중에 집에 돌아와 이를 어머니가 끓여놓은 고깃국으로 착각하고 먹어 삼킨다. 추후에 어머니가 집에 들어오지 않고 수소문을 해보자, 자신이 조마구가 죽인 어머니를 먹었다는 것을 알았다. 아들은 조마구의 은신처를 찾아 숨어서 조마구가 집을 비운 사이에 조마구의 음식들을 모두 먹어치워 굶도록 만든다. 조마구가 잘 때도 잠을 못 자도록 방해하는데 결국 조마구는 지쳐 가마솥 안에 들어가 뚜껑을 닫고 잠을 청한다. 아들은 가마솥에 불을 때 조마구를 태워 죽인다.

조인

직역하면 새 인간으로, 인간과 비슷한 생김새를 가졌으나 긴 털을 가진 종족이다.
하늘을 날아다니며 인간 마을에 몰래 잠입할 때도 있고,
불을 좋아해 불 가까이에 있으려 한다. 가끔 부엌에 들어와
아궁이 불을 헤집는데 불이 다 꺼지면 도망치듯 날아간다.
새보다는 인간의 모습에 가까운데 재밌게도 인간의 말을 전혀 하지 못하고
목소리나 말투, 음성이 모두 새와 같다고 한다.
하늘을 나는 속도가 매우 빨라 잡기 어렵고,
나무나 땅 등에 그물을 쳐서 잡을 수 있다.
주로 산에 거주하며 우리나라에서는 지리산에서 목격됐다.

분류 · 괴물(인간형+조류형)	출몰 지역 · 지리산	출몰 시기 · 미상	기록 문헌 · 《순오지》
특징 · 기다란 털을 가지고 있으며 하늘을 날아다닌다.			

문헌

▌《순오지》에 새 인간에 대한 이야기가 기록돼 있다.

두류산(현재의 지리산)에 한 스님이 기거하고 있었다. 어느 겨울, 스님이 부엌에 들어서는데 아궁이의 불을 누가 일부러 꺼뜨린 흔적이 있는 것이었다. 이에 스님은 몰래 숨어서 누가 꺼뜨리나 확인하기로 했다. 밤이 되니 사람만 한 무언가가 날아와 불을 쬐더니 헤집어놓고 날아갔다. 이에 스님은 지붕에 그물을 설치했고 그 괴물을 사로잡았다. 그것은 사람과 똑같이 생겼으나 몸에 긴 털이 나 있었다. 스님은 놀라 누구인지, 어디서 왔는지, 왜 모습이 그러한지 물었으나 그는 (새와 비슷한) 이상한 소리만 낼 뿐이었다. 결국 스님이 풀어주니 빠른 몸집으로 하늘을 향해 날아가 도망갔다.

종

말과 소의 위장 안에서 자라나 벌이 되는 애벌레.
보기에는 그냥 벌레처럼 보이지만 말과 소의 위장 안에서 성충이 돼 벌이 된다.
아마도 말과 소가 먹은 풀을 함께 먹고 영양분을 섭취하여 자라는 것으로 추정된다.
다 자라면 사정없이 가죽을 뚫고 밖으로 나온다.
이들이 위장 안에 많이 서식하다가 성충이 되면
가축의 온몸에 구멍이 뚫려 죽기도 한다.
이와 비슷한 것으로는 '전문모'라는 것이 있다.
전문모는 새의 위장 안에서 잠복해 있다가 입으로 나오는 모기다.
종과 비슷한 생존 방식을 택하고 있으며 이로 인해
숙주가 되는 가축이나 새들은 큰 고통을 느낀다.

분류 • 괴물(벌레형)	출몰 지역 • 미상	출몰 시기 • 미상	기록 문헌 • 《성호사설》
특징 • 말과 소의 위장 안에서 벌이 되는 애벌레.			

문헌

▌《성호사설》4권에 종에 대한 기록이 간략하게 실려 있다.

　　이아(유교경전)에 "전문모라는 새가 있는데 입으로 모기를 뱉어내 기에 이름을 그리 지었다"라고 적혀 있다. 이는 생각해보면 어느 정도 가능한 일이다. 말과 소의 위장 안에 있는 벌레들이 벌로 변하는 경우 가 있다. 이 벌레를 '종'이라고 하는데 벌이 되면 말과 소의 가죽을 뚫 고 뛰쳐나온다. 이는 새가 모기를 토해내는 것과 같지 않은가?

주둥이닷발꽁지닷발

민담에 등장하는 괴물로 거대조 계열이며, '꽁지닷발주둥이닷발'로 불리기도 한다.
이름처럼 주둥이와 꼬리가 닷 발(팔을 벌렸을 때 손끝에서 손끝이 한 발인데
이것의 다섯 배)이며, 성격은 꽤 잔인하다. 포악하기로는 인간의 사지를 잘라
나무에 걸어놓을 정도라고. 인간과 굉장히 흡사한데,
일단 인간의 언어를 할 수 있고 떡이나 밥을 해 먹는다고 한다.
태워서 죽이는 게 가장 좋은데 태워서 재가 남으면 그 재가 모기로 변한다.
기본적으로 새이기 때문에 지능이 그렇게 높지 않아 생각보다 속이기 쉽다.

분류 • 괴물(조류형)	출몰 지역 • 전국 각지	출몰 시기 • 시대 불문	기록 문헌 • 민간 설화
특징 • 조금 아둔하다. 잔인하고 인간의 말을 한다.			

문헌

▌《한국구비문학대계》에 주둥이닷발꽁지닷발에 대한 인터뷰가 있는데
이를 정리하면 다음과 같다.

주둥이가 닷 발, 꽁지가 닷 발인 새가 집을 보는 아이에게 가족이
어디 갔는지 물었다. 아이는 엄마는 장에, 아빠는 논에, 오빠는 서당
에, 언니는 빨래하러 갔다고 말했다. 새는 엄마를 감나무에 걸어놓겠
다고 말하고 장에서 오는 엄마를 죽여 사지를 잘라 감나무에 걸었다.
오빠가 이를 보고 분노하여 원수를 갚겠다며 새를 찾아 나섰다. 이후
논에서 만난 사람, 빨래하는 여인, 까마귀, 새 쫓는 아이의 도움으로
괴물 새가 있는 곳을 찾아냈다.

숨어서 살펴보니 새가 떡을 하고 있었는데 때마침 칼이 없어 장자네
집에 빌리러 갔다. 오누이는 그새 떡을 먹었고 다음 날 밥도, 그다음
날 죽도 모두 숨어서 몰래 오누이가 먹어버렸다. 아무것도 먹지 못한
새는 기운이 없었고 오빠는 새총으로 새를 쏴 솥에 넣어 뚜껑을 닫고
불을 때 죽였다.

주지

호랑이도 잡아먹을 정도의 무서운 괴물로,
잡귀와 사악한 것을 물리칠 힘이 있다.
입은 새 부리처럼 뾰족하고, 얼굴은 가로로 긴 반달 형태다.
눈은 작고 깃털은 머리털처럼 달려 있는데, 재미있는 것은 머리에는 깃이 있지만
몸에는 털 한 올이 없다는 점이다. 팔은 없고,
두 발로 직립해서 다니는데 주로 껑충껑충 뛰어서 이동한다.
장자마리와 마찬가지로 암수 주지가 모이면 교미하는데,
암주지가 밑에 눕고 숫주지가 그 위에 엎어져 꿈틀대는 형태다.
실제 존재하지 않고 상상 속에만 존재한다는 의견도 있지만,
그렇다 하더라도 그 기괴한 모습은 한 번 보면 잊기 어렵다.

분류 • 괴물(인간형)	출몰 지역 • 안동	출몰 시기 • 시대 불문	기록 문헌 • 〈하회별신굿탈놀이〉, 《고금소총》
특징 • 잡귀와 사악한 것을 물리친다.			

문헌

▌ 주지는 〈하회별신굿탈놀이〉에 등장하는 탈이다. 다른 탈처럼 쓰는 것이 아니라, 탈을 손에 잡고 몸은 삼베 자루 안에 숨기는데 움직일 때 팔짝팔짝 뛰어다닌다. 한동안 주지 탈이 사자가 아니냐는 설도 많았지만, 생김새나 행동을 보아 아니라는 의견에 힘이 더 실린다. 영노, 장자마리처럼 탈춤에만 소개되는 독특한 괴물이다.

▌ 《고금소총》에 기록된 주지의 일화는 다음과 같다.

어느 산골에 부유한 노인이 살고 있었다. 노인이 하루는 집 안팎을 살피던 중 일꾼에게 "깊은 산속 한밤중에는 호랑이와 주지가 무서우니 외양간 관리를 잘하거라"라고 말했다. 이를 문밖에서 호랑이가 듣고, 주지가 무엇인지 몰라 겁을 먹었다. 그러던 중 소도둑을 보고 주지인 줄 알고 줄행랑을 쳤다.

죽엽군

신라에서 목격된, 대나무 잎으로 만들어진 군사.
녹두병과 같이 식물로 만들어진 병사로, 큰 힘을 가진 군대다.
죽엽군은 귀에 대나무 잎을 꽂고 있는데 그 모양이 매우 기이해 보인다.
이 군대가 발생하는 이유는 알 수 없다.
《삼국유사》에서는 선대왕이 보낸 음병(신의 군사)으로 추정하는데,
이 설이 가장 유력해 보인다.
아군의 군대가 열세에 몰렸을 때 죽엽군이 도와 전투하면 이길 확률이 매우 높다.
도움을 주고 나면 사라져 다시 대나무 잎으로 돌아간다.

분류 • 과물(인간형+식물형)	출몰 지역 • 과거 신라 지역	출몰 시기 • 삼국 시대	기록 문헌 • 《삼국유사》,《삼국사기》
특징 • 열세에 몰린 아군에 힘을 더해 적군을 물리친다.			

문헌

▌《삼국유사》1권에는 미추왕과 죽엽군의 이야기가 짧게 기록돼 있다. 죽엽군에 대한 묘사가 상세하진 않지만, 그 위력이 얼마나 뛰어났는지를 단편적으로 알 수 있는 기록이다.

제14대 유례왕 때 이서국(지금의 경상북도 청도군 일대에 있었을 것으로 추정되는 소국) 병사들이 금성으로 쳐들어 왔다. 이에 당황하여 우리도 군사로 막아냈지만 버티기가 매우 힘들었다. 그런데 갑자기 어디서 기이한 병사들이 나타나 도와주기 시작했다. 병사들은 모두 귀에 대나무 잎을 꽂고 있있다. 이에 우리 병사들과 함께 힘을 힘쳐 이시국 군대를 몰아냈다.

그러나 적군을 물리친 후에 병사들은 사라졌고 어디로 간지 알 수 없었다. 다만 대나무 잎들이 미추왕릉 앞에 쌓여 있는 것을 보고 돌아가신 선대 임금이 도와주었다는 것을 알 수 있었다. 이 일 이후에 미추왕릉은 또 다른 이름으로 불리게 됐는데 바로 죽현릉(竹現陵)이다.

지하국대적

지하국에 사는 대도적 혹은 괴물. 지하의 별세계에 살면서
간간이 지상에 올라와 세상을 어지럽히거나 여인들을 납치해간다.
신통력을 가지고 있으며 힘이 매우 센데, 주로 구전으로 전해지는 괴물 중 하나다.
영웅소설 《김원전》에서는 머리가 아홉으로 묘사되며,
불교에서 등장한 귀물인 '아귀'로 기록되기도 한다.
약점은 겨드랑이 밑에 있는 비늘 두 개를 떼버리는 것인데
그러면 머리가 몸에서 떨어져 위로 솟구친다. 이때 잘린 부분에 재를 뿌리면
다시 붙지 못해 죽는다. 사람 냄새를 기가 막히게 잘 맡으며
머리에 이가 있어 이를 잡아주면 매우 좋아한다
(여인들을 잡아가 이런 더러운 일도 시킨다고 한다).

분류 • 괴물(인간형)	출몰 지역 • 미상	출몰 시기 • 미상	기록 문헌 • 《조선민담집》, 민간 설화 등
특징 • 지하에 사는 괴물. 지상에서 인간 여자를 데려간다.			

문헌

▌〈대도적퇴치설화〉는 다양한 형태로 퍼져 있는데 그중 하나가 다음과 같다.

옛날 지하국에 아귀가 살고 있었다. 아귀는 종종 지상으로 올라와 세상을 어지럽히거나 여인들을 도적질해 갔는데 왕의 세 공주도 납치했다. 아무도 이를 해결하지 못했으나 한 용사가 해결하겠다고 나섰다. 부하를 데리고 나선 용사는 꿈에서 산신령의 도움으로 소굴의 위치를 알게 된다. 소굴은 산속 바위 밑구멍이었는데, 그 안으로 들어가니 새로운 별세계가 펼쳐졌다. 그곳에서 공주를 만나게 된다. 용사는 젊었을 때 배운 도술을 활용해 수박으로 변하여 아귀 집에 잠입한다. 집에 돌아온 아귀는 사람 냄새를 맡았지만, 공주는 몸이 피곤해서 착각하는 거라고 둘러댔고, 무릎에 아귀 머리를 놓고 이를 잡아주며 조심스레 약점을 물으니 자신의 겨드랑이 양쪽 두 개의 비늘이 약점이라고 말했다. 아귀가 자는 틈을 타 용사는 이를 베었고 아귀의 목은 하늘로 솟구쳤다. 잘린 부분에 재빨리 재를 뿌리니 머리가 다시 붙지 않아 아귀가 사망했다.

착시

붙어 있는 시체라는 뜻으로 실제 괴물의 이름은 아니고,
시체가 등이나 팔 등에 붙어 있는 현상을 말한다. 이를테면 시체를 등에 업었는데
떨어지지 않거나 팔에 시체가 붙어버리는 것 등이다.
이렇게 붙은 시체는 아무리 애를 쓰고 움직여도 절대 떨어지지 않는다.
붙어 있는 기간은 알려지지 않았으나 꽤 오래 붙어 있는 듯하다.
물리치는 방법은 불심이 있는 사람이 진심으로 부처에게 기도하는 것인데,
3일 정도 기도하면 시체가 스스로 떨어져 나간다.
좀비와 많이 비교되지만, 스스로 의지가 없으며
단순히 붙어 있기만 한다는 게 좀비와 다르다.

분류 • 괴물(인간형)	출몰 지역 • 미상	출몰 시기 • 미상	기록 문헌 • 《용재총화》
특징 • 시체가 사람의 몸에 붙어 떨어지지 않는다.			

문헌

▌《용재총화》6권에 다음과 같은 신기한 시체가 등장한다.

장원심이라는 자가 길을 가다 구덩이에 있는 시체를 보았다. 이에 너무 마음이 아파 슬퍼하고 통곡했다. 후에 시체를 제대로 매장해주기 위해 업고 이동했는데 도착하여도 시체가 등에서 떨어지지 않았다. 이를 떼기 위해 온갖 방법을 다 써도 떨어지지 않았으며 3일이나 이 상태가 지속됐다. 이를 보던 제자들이 부처님께 기도했고 그 후에 시체가 몸에서 떨어져 나갈 수 있었다. 장원심은 이 일 이후에 절대 길을 가더라도 시체를 다시 매장해주거나 만지지 않았다고 한다.

천구

한자를 직역하면 하늘에 사는 개라는 뜻으로,
항아리 모양의 강아지다. 꼬리가 3척(90cm) 정도로 타오르는 불꽃 모양이다.
지면에 떨어지면 마치 불길이 솟는 것 같이 흔적이 남으며
대부분 크기가 몇 이랑 이상이다. 꼭 육지에만 떨어지는 것은 아니고
바다에 떨어진 기록도 있다. 평소에 제각기 하늘을 달리나,
사망하면 땅으로 큰 굉음을 내며 떨어진다.
인간들이 목격하는 혜성과 유성이 바로 천구인 셈이다
(고 중국 문헌에는 유성을 천구성이라 표기했다).
천구는 《조선왕조실록》, 《삼국유사》, 《삼국사기》 등에 많이 기록돼 있는데,
천구성 자체가 전쟁과 재해의 징조로 여겨졌기 때문이다.

분류 • 괴물(짐승형)	출몰 지역 • 전국 각지	출물 시기 • 시대 불문	기록 문헌 • 《삼국유사》, 《동사강목》, 《기언》 등
특징 • 항상 하늘 위를 달린다. 하늘 위에서 각기 행동한다.			

문헌

▌《삼국유사》 2권에 천구의 모습이 생생히 기록돼 있다.

> 2년 정미에 천구가 동쪽 누각 남방에 떨어졌다. 머리는 항아리 같았으며 꼬리는 3척쯤 되며 타오르는 불꽃 같았다. 떨어지고 나니 천지가 진동했다.

▌《동사강목》에도 같은 내용이 기재돼 있다. 다른 점은 구체적인 발견 시기가 7월이며, 천구 세 마리가 서로 부딪쳤다고 한다.

▌《기언》 62권에 기록된 내용은 다음과 같다.

> 천구는 모양이 개와 같다. 황색이고 소리가 있다. 떨어진 곳은 화광이 솟는 것처럼 보이며 위는 뾰족하고 아래는 동그란데 크기가 몇 이랑쯤 된다.

천마

신라 시대에 목격된 하늘을 나는 말로,
주로 백마이며 날개가 달려 있지는 않다. 다만 사람을 보면 재빨리 도망가곤 한다.
천마가 등장하면 이상한 기운이 일대를 감도는데 번개 빛과 비슷하다.
천마가 하는 일은 주로 두 가지다. 하나는 하늘의 뜻이나 기물을 전한다.
박혁거세의 알을 전해준 것도 이에 속한다.
다른 하나는 죽은 사람을 하늘로 태워 데려가는 것이다.
고대 무덤을 보면 천마들이 종종 새겨져 있는데 바로 이러한 이유 때문이다.
신성한 신수이니 함부로 잡거나 공격하지 말아야 한다.

분류 • 괴물(짐승형)	출몰 지역 • 전국 각지	출몰 시기 • 신라 시대	기록 문헌 • 《삼국유사》, 〈천마총〉 외 민간 설화
특징 • 하늘과 땅을 오가는 말. 하늘의 뜻을 전하는 역할을 한다.			

문헌

▌중국《산해경》에 천마는 날개가 달려 있다고 묘사돼 있다. 하지만 우리나라에서 출토된 천마도의 그림에는 날개가 없다. 다만 바람처럼 날쌘 갈기와 날렵한 몸이 특징이다.

▌《삼국유사》 1권 〈기이〉에 기록된 내용이다.

전한 지절 원년 임자 3월 초하루에 여섯 부의 조상들이 자제를 거느리고 언덕 위에 모여서 의논하며 말했다. (중략) 그래서 이들은 높은 곳에 올라 남쪽을 바라보았다. 양산 밑 나정가에 번개와 같은 이상한 기운이 땅에 깔리었고 백마 한 마리가 무릎을 꿇고 절하는 모습으로 앉아 있었다. 이들이 그곳을 가니 자주색 알이 덩그러니 놓여 있었다. 말은 사람을 보자 길게 울고 하늘로 올라갔다.

천타충

하늘에서 떨어진 벌레.
눈밭을 기어 다니는 것을 보아 생김새는
애벌레나 송충이 형태로 추정된다.
우리나라에서는 신라 현덕왕 15년에 발견됐다.
음기가 가득 차 태양을 싫어하는데,
햇빛을 보면 순간 모든 활동을 멈춘다.
인간에게 해를 끼치지는 않으나 하늘에서 떨어졌고,
양기를 싫어하는 점을 보아
적어도 지구에 서식하는 벌레는 아닌 듯하다.

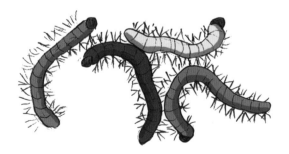

분류 • 괴물(벌레형)	출몰 지역 • 삼국 시대	출몰 시기 • 신라 서원경(지금의 청주)	기록 문헌 • 《삼국사기》
특징 • 하늘에서 떨어진 벌레로, 양기를 싫어한다.			

문헌

▌《삼국사기》 제10권에 기록된 천타충의 내용은 다음과 같다.

현덕왕 15년 봄 정월 5일, 서원경에 하늘로부터 벌레가 떨어졌
다. 9일, 흰색, 검은색, 붉은색의 세 벌레가 눈밭을 기어 다니고 있었
다. 햇빛을 보면 움직임을 멈추었다.

▌하늘에서 벌레가 내려오는 일은 문헌에 거의 기재되지 않는다. 하지
만 신이 벌레를 내려주는 경우는 간혹가다 존재한다. 이를테면 구전
으로 진해지는 무속의 창세신화에서는 미륵이 금벌레, 은벌레 다섯
마리씩을 하늘에서 내려 인간으로 변화시킨다. 후에 금벌레는 남성이
되고 은벌레는 여성이 된다. 이처럼 고대에 벌레는 곤충 이상의 의미
를 갖기도 했다.

청모선

푸른 털의 신선이라는 뜻으로, 실제 괴물의 이름은 아니다.
청모선은 날 때부터 괴물이 아니라 인간이 서서히 변화한 괴물이다.
변화하는 이유는 알 수 없다. 다만 산에 있는 열매 등을 먹으면서
지내다 보면 점점 몸에 윤이 나고 살이 찌며 푸른 털이 한 자(약 30cm) 이상 자라나
몸을 뒤덮는다고 한다(털 색깔이 청색이 아닌 경우도 있다).
털이 많아 옷의 필요성은 느끼지 못하는지 대부분 벌거벗은 채로 다니는데,
해외에서 목격된 설인과 비슷한 모습이다.
수명은 매우 긴 편인데 기본 100년 이상 살며,
기록에 의하면 400년 이상 살기도 했다고 전해진다.
움직임이 재빠르며 주로 산에 있는 열매나 풀을 먹고 지낸다.

분류 • 괴물(인간형)	출몰 지역 • 산지 인근	출몰 시기 • 시대 불문	기록 문헌 • 《어우야담》, 《청구야담》
특징 • 털이 청색으로 수명이 길고, 움직임이 재빠르다.			

문헌

▌ 다음은 《어우야담》에 기록된 청모선에 대한 내용이다.

젊은 시절 금강산을 노닐다가 사람 비슷한 것을 만났는데, 몸 전체에 파란 털이 한 자 이상이나 자라 있었다. 처음에는 도망가려 하다가 다가가 함께 말을 나눠보니 전라도 사투리를 잘했다. 그는 호남 사람이었는데 스님이 돼 산에 들어왔고 배고픔을 이기지 못해 잣을 먹으며 지냈다. 그러다 몸에 윤이 나고 덩치가 커졌으며 몸 전체에 푸른 털이 자라났다. 그의 나이는 100세가 넘었다.

▌ 《청구야담》에도 비슷한 괴물이 등장한다. 다른 점은 털이 청색이 아니라는 것과 나이가 400살이 넘었다는 것이다. 그 외 대부분의 특징은 《어우야담》에 기록된 것과 동일하다. 이것으로 보아 같은 동류의 괴물로, 털 색깔은 지역과 상황에 따라 바뀌는 것이 아닐까 추측된다.

취
악

'냄새가 역하다'는 뜻의 한자어로, 실제 괴물의 이름은 아니다.
이 괴물은 주로 산사에서 목격되는데, 특히 어두운 밤 불탑 부근에서 볼 수 있다.
취악이 등장하면 이름처럼 괴상한 악취가 가득 차 코를 쥐어 잡을 수밖에 없다.
눈이 튀어나왔고, 코는 오그라들어 있다.
입 끝은 귀까지 닿고, 귀는 늘어졌고, 머리카락은 솟아 있다.
몸 색깔은 청홍색인데 날개를 가지고 있어 펼치면 위압감이 든다.
하지만 기괴한 생김새와 달리 공격성이 강하거나 흉폭하지는 않다.
오히려 고양이처럼 가만히 있으면 다가오거나 물러나지 않으며,
인기척이 있으면 소심하게 도망간다.

분류 • 괴물(짐승형)	출몰 지역 • 산사	출물 시기 • 조선 중기	기록 문헌 • 《어우야담》
특징 • 끔찍한 생김새를 가지고 있으며, 악취를 풍긴다.			

문헌

▌ 다음은 《어우야담》에 기록된 취악에 대한 내용이다.

한림 정백창이 약관일 때 산사에서 독서를 하며 생활했다. 그는 불탑 뒤에서 공부하는 것을 즐겼는데 불탑 뒤에는 물건을 넣어두는 텅 빈 구멍이 있었다. 어두워지고 밤이 깊어지자 갑자기 책상 위로 무언가가 엎드렸다.

그 물체가 나타나자 악취가 코를 찔렀다. 자세히 살펴보니 괴물이었는데, 눈이 튀어나오고 코는 오그라들어 있었다. 또 입 끝은 귀까지 닿고, 귀는 늘어져 있었고, 머리카락은 삐쭉 솟아 있었다. 날개도 활짝 편 것 같았으며, 몸 색깔은 청홍색으로 특별한 형체가 없어 알기 어려웠다. 정백착은 놀라는 기색 없이 책 읽기를 계속했고 가만히 있으니 그 괴물이 다가오지도 물러나지도 않았다. 그가 조용히 옆방의 스님을 불렀는데 그 스님이 대답하자 괴물은 불탑 뒷구멍으로 다시 돌아갔다.

치충

이에 기생하며 고통을 주는 벌레.
주로 이빨에 기생하는 것으로 알려져 있지만,
간혹 눈과 코에 들어가 고통을 유발하기도 한다.
주로 한 마리가 아닌 여러 마리가 기생하며, 이 벌레를 모두 제거해야
고통이 사라진다. 하지만 벌레를 잡기는 쉽지 않으며
제거할 수 있는 이 또한 많지 않다. 또 치충은 잘못 제거하다가
크게 다칠 수 있으니 신중해야 한다. 《청파극담》에서는 제주도에 사는
가 씨와 계집종 장덕이 이 시술을 할 수 있다고 기록돼 있다.
방법은 얇은 침으로 핏줄을 찔러 벌레를 뽑아내는 것인데
이렇게 뽑아낸 벌레는 며칠이 지나도 죽지 않는다고 한다.
벌레를 몸에서 하나둘 제거하면 천천히 병도 낫는다.

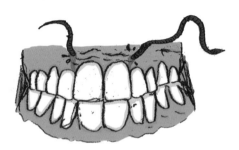

분류 • 괴물(벌레형)	출몰 지역 • 제주	출몰 시기 • 미상	기록 문헌 • 《청파극담》
특징 • 이빨이나 코, 눈 등에 기생하며 고통을 준다.			

문헌

▌《청파극담》에 기록된 치충에 대한 내용은 다음과 같다.

지은이 이륙이 젊었을 때 제주에서 가 씨라는 사람을 본 적이 있다. 사대부의 집에 드나들며 치충을 잡아냈는데 그 기술이 신묘하기가 짝이 없었다. 후에는 계집종 장덕이 이 기술을 가 씨에게 배웠다. 치통이 생기거나 눈과 코에 통증이 생기면 이 벌레들을 잡아냈는데 그렇게 하면 병도 서서히 나아갔다. 대낮에 침으로 핏줄을 찔러서 벌레를 잡아내는 방식이었다. 그렇게 몸 밖으로 나온 벌레는 꿈틀거리기를 반복하지만 며칠이 지나도 죽지 않고 살아 있었다. 이에 사람들이 살펴보며 토론을 했으나 그 연유를 알아내지는 못했다. 그녀는 후에 혜민서의 여의가 돼 어린 여의들에게 이 기술을 가르쳤으나 결국 전달받은 이는 없었다. 추후 옥매라는 자가 이 기술을 모두 알아채 혜민서에 소속하게 된다.

침중계

주먹만 하거나 주먹보다 작은 크기의 닭으로,
인간이 인위적으로 만들어낸 생물이다. 만드는 방법은 다음과 같다.
9~10월 서리가 내릴 때 부화한 닭은 일반 닭보다 작다.
그리고 그다음 해 상강에 그 닭이 알을 낳으면 더 작은 닭이 탄생한다.
또 그 닭이 상강에 알을 낳으면 주먹만 한 크기의 침중계를 낳는다.
수컷인 침중계는 일반 닭과 마찬가지로 울 수 있는데,
이를 가둬두면 알람시계처럼 사용할 수 있다.
침중계를 함에 담아 베개로 베고 자면 축시(새벽 1시부터 3시 사이)마다
반드시 울기 때문이다.

분류 •	출몰 지역 •	출몰 시기 •	기록 문헌 •
괴물(조류형)	미상	매년 상강	《청장관전서》

특징 •
주먹보다 작은 닭으로 축시에 반드시 운다.

문헌

▌《청장관전서》48권에 저자 이덕무가 침중계 만드는 방법을 듣는 기록
이 나온다. 그 내용은 다음과 같다.

나는 일찍이 침중계를 기르는 법을 들은 적이 있다. 9월과 10월
서리가 내릴 때 태어난 닭은 다 자라도 몸집이 매우 작다. 이 닭이 다
음 해 상강에 알을 낳는데 그곳에서 태어난 닭은 더욱 작다. 또 다음
해 상강에 태어난 손자 닭은 이보다 더 작아지게 되는데 크기가 주먹
정도만 해지기도 한다. 또 이 닭의 수컷은 울 수 있다. 침중계는 판자
를 모아서 이어 붙인 다음에 베개를 만들고 그 안에서 키우는 경우가
많다. 축시가 되면 반드시 울기 때문이다. 서리가 올 때 부화한 닭은
상계라고도 불린다.

탄주어

사람과 배를 집어삼킬 정도로 큰 물고기.
고래라는 추정적인 기록이 있으나
일반 고래보다 크기가 훨씬 큰 것으로 추정된다.
동해 등지에서 자주 발견되며 사람을 잡아먹는 것이 자주 목격된다.
탄주어에게 먹히면 얼마간은 생존하는데,
그때 뱃속을 날카로운 물체로 헤집으면 뱉어내기도 한다.
다만 뱉어낼 때 나오는 열기가 뜨거워서 몸의 털이 다 타버릴 정도라고.
소리에 민감한 편이라 방울 소리 같은 것을 계속 들려주면 근처로 다가오지 않는다.
재미있는 것은 강에서도 발견되며, 큰 것은 40보(성인 한 걸음이 1보) 정도다.
탄주어는 잡기 쉽지 않아 주로 죽은 채로 목격된다.

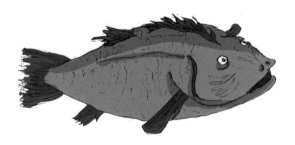

분류 •	출몰 지역 •	출몰 시기 •	기록 문헌 •
괴물(어류형)	동해 등지의 넓은 강이나 바다	시대 불문	《삼국사기》, 《어우야담》, 《성호사설》등

특징 •
사람을 잡아먹고, 방울 소리를 싫어한다.

문헌

❚ 다음은《성호사설》에 탄주어가 소개된 기록이다.

세 사람이 배를 타고 가다 갑자기 큰 물고기에게 삼켜졌다. 아무
것도 보이지 않아 물고기 뱃속인 것을 깨달았다. 가지고 있던 칼날로
뱃속을 사방팔방 그으니 물고기도 참을 수 없어 도로 토하기에 이르
렀다. 두 사람은 뱃속에서 나왔고 머리가 익어서 다 벗겨져 다시는 털
이 나지 않았다.

❚ 《어우야담》에도 탄주어로 추정되는 물고기가 등장한다. 기록에 의하
면 전복을 따는 해녀들은 이 물고기가 큰 소리를 들으면 놀라 달아나
기에 늘 방울을 달고 물속에 들어갔다고.

❚ 《삼국사기》11권 〈신라본기〉 11에도 길이가 40보, 넓이가 6장(1장은
약 3.03m)인 큰 물고기가 당성군 남쪽에 등장한 기록이 있다.

토어

흙 속에 사는 물고기로, 평안도에서 발견된 적이 있다.
빛깔은 푸르기도 붉기도 노랗기도 한데, 몸이 둥그스름하다.
길이는 반 자(15cm) 정도로, 그리 크지 않다. 흙 사이를 자유롭게 왔다 갔다 하는데
생각보다 재빨라 쉽게 잡히지 않는다.
발견한 뒤 흙을 파보면 이미 사라진 후이기 때문이다.
이상한 돌과 함께 발견되기도 하는데, 이 돌의 정체는 알 수 없다.
다만 돌 빛이 꿩 알과 같고, 생김새는 기러기 알과 같다는 기록만 있다.
돌의 길이는 2촌 2푼(약 7.3cm), 둘레는 4촌(약 13.32cm) 정도다.
토어와 비슷한 생물이 현재도 있는데 이는 아프리카에 사는 폐어다.
폐어는 건기에 진흙 속에서 고치를 만들어 생존한다고 한다.

분류 • 괴물(어류형)	출몰 지역 • 평안도	출몰 시기 • 조선 초기	기록 문헌 • 《조선왕조실록》
특징 • 물속에 살며 이상한 돌과 함께 발견된다.			

문헌

▌《조선왕조실록》세종 28년 6월 7일 기록에 다음과 같이 토어에 대한
설명이 있다.

평안도 예전 연주의 백성이 밭을 갈다가 이상한 고기를 발견했
다. 빛이 푸르고 붉고 누르기도 하는데 몸이 둥글고 크기는 반 자 정도
됐다. 이 물고기는 곧 흙 속으로 뛰어 들어갔다. 재빨리 흙을 파보니
물고기는 온데간데없었으나 풀뿌리 밑에 돌 하나가 있었다. 이 돌의
빛은 꿩 알 같고, 생김새는 기러기 알 같았다. 또 길이는 2촌 2푼이었
으며 둘레는 4촌이었다.

이를 기이하게 여겨 취해 바치니 전의감(조선시대 궁중에서 의약 관
련 업무를 보던 관아)에 내렸다.

하늘삼형제

강가시의 집에 하늘로부터 온 삼 형제다.
이들 삼 형제는 생김새가 형제라고 믿기 힘들 정도로 다르다.
장남은 수염이 한 자(약 30cm)이며 큰 눈과 쟁반 같은 얼굴을 하고 있고
체구는 장대하다. 차남은 수염이 다섯 치(약 15cm)이며 얼굴과 체구가 크고
미남이다. 막내는 수염이 네 치(약 12cm)이며 얼굴과 체구가 모두 크다.
모두 검은 관을 쓰고 검붉은 옷을 입었다. 말소리가 작아서 듣기 힘든데 먹고
활동하는 것은 일반인과 같다. 삼 형제 중 장남은 인간처럼 음문(성기)에서
나왔으나 나머지는 옆구리에서 태어났다. 이들은 처음 보는 이의 이름을 맞추는
신통력이 있다. 외계인이라기보다는 선계, 신계의 인간에 더 가깝다.

분류 • 괴물(인간형)	출몰 지역 • 평안도	출몰 시기 • 조선 중기	기록 문헌 • 《조선왕조실록》
특징 • 하늘에서 내려온 삼 형제로 기이한 모습을 하고 있다.			

문헌

▌《조선왕조실록》 선조 37년 2월 1일자 기록을 보면, 평안도 감찰사 김신원이 보고한 하늘삼형제에 대한 내용이 있다.

군내의 계집종 집에 강가시라는 남성과 그의 부인 향태가 머물렀다. 강가시는 "이상한 삼 형제가 하늘에서 당신을 찾아올 것이다"라고 말했다. 계집종이 이를 의심스럽게 생각하며 청소를 마치고 집에 오니 그가 언급한 삼 형제가 소리 소문 없이 와 있었다. 장남은 체구가 크고 수염이 한 자로 큰 눈과 쟁반 같은 얼굴을 하고 있었다. 차남은 역시 체구가 크고 수염이 다섯 치쯤으로 얼굴이 크고 잘생겼다. 삼남은 얼굴과 체구가 크고 수염이 네 치쯤이었다. 삼 형제는 모두 검은 관과 검붉은 옷을 입었다. 또 엄숙한 느낌이 들어 사람들은 똑바로 쳐다보기 어려웠다. 그들은 보통 사람과 같이 밥을 먹었으며 목소리가 매우 작아 듣기 어려웠다.

한강괴물

한강에서 서식하는 괴물로, 근대에 발견된 괴종이다.
영화 〈괴물〉의 모티브가 되기도 했다 (물론 영화에 나온 것처럼 생기지는 않았다).
이 괴물은 단 한 번 목격됐는데, 생김새가 하마나 불독 같았다고 전해진다.
길이가 6척(약 1.8m)이고 중량이 80관(300kg)으로 생각보다 몸집이 장대하다.
몸은 삼각형의 형태로 독특하게도 거북이 등 같은 비늘이 돋아 있다.
딱히 인간에게 해를 끼치지는 않으며 생각보다 힘도 약하여 인간에게 잡히곤 한다.
실제로 한강괴물 목격자는 강에 들어가 이를 잡아 올렸다고 한다.
이 괴물이 등장하면 주변에 이상한 소리가 동반되며
수면에 잔잔하게 파장이 생긴다.

분류 • 괴물(짐승형)	출몰 지역 • 한강	출몰 시기 • 1900년대	기록 문헌 • 《중외일보》
특징 • 하마나 불독 같이 생겼으며 등장할 때 이상한 소리가 난다.			

문헌

▌ 1928년 4월 29일《중외일보》에 기록된 괴물로, 단 한 차례 보도됐다.
기사 내용은 다음과 같다.

　　27일 오후 3시 10분경, 고양군 한지면 동빙고의 김진모가 한강
도선장에서 낚시질을 하는 중 이상한 소리가 나고 수면에 파장이 치
며 낚싯대를 잡고 불러 들어감으로 큰 고기가 걸린 줄 알고 발가벗고
강에 뛰어 들어가 집어다 억지로 끌어 올려놓고 본 즉 길이가 육 척,
중량이 팔십 관이나 되는 괴물로 하마나 불독 같고 몸매는 삼각형으
로 거북이 등 같은 비늘이 있어 개인지 하마인지 분별치 못힐 것으로
잡은 사람도 첫 번에는 너무 무서워 정신을 못 차렸다고.

해서설

버들개지처럼 생긴 괴이한 물체. 해로운 버들개지라는 말로,
실제 괴물의 이름은 아니다. 벌레나 해충의 한 종류로 추정하나 확실치는 않다.
의원 양예수는 버들개지처럼 생긴 물체에 해충의 기운과
귀신의 기운이 들어간 것이라고 말한다.
해서설은 갑자기 공기 중에 생성되는데 한 번에 여러 마리가 만들어지고,
그 개수는 방 안을 가득 채울 정도다.
일단 만들어진 해서설은 방 안을 날아다니는데,
그러다가 사람의 몸에 떨어지면 피부를 뚫고 들어와 종기가 된다.
이를 낫게 하는 방법은 벌레를 죽이거나 사귀를 쫓는 약재를 쓰는 것이다.

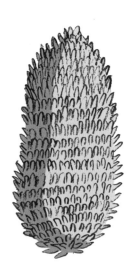

분류 • 괴물(벌레형)	출몰 지역 • 미상	출몰 시기 • 조선 중기	기록 문헌 • 《어우야담》
특징 • 버들개지를 닮았고, 피부에 닿으면 종기가 생긴다.			

문헌

▌《어우야담》에 기록된 내용은 다음과 같다.

　　양예수는 소경대왕(선조) 때의 태의(어의)다. (중략) 하루는 어떤 사람이 종기를 앓았다. 문이 닫힌 밀실인데 그 안에 버들개지 같이 생긴 물체가 방 안을 계속해서 가득히 날아다녔다. 그러다가 사람의 몸에 떨어지면 피부를 뚫고 들어와 종기가 됐다. 양예수는 이를 다음과 같이 말했다.

　　"이 병은 의서에 나와 있지 않습니다. 분명 버들개지 같은 해충의 기운과 귀신의 기운이 사악한 일을 하는 것입니다. 벌레를 죽이는 약제와 사귀를 쫓는 약제를 쓰시면 곧 효과가 있을 것입니다."

해의

바다를 뒤덮을 정도의 개미 떼가 파도를 타고 와 인근 마을이나
사람들을 덮치는 것을 말한다. 육지 곤충들은 대개 물과 상극인데
물을 타고 오는 것으로 보아 일반 개미와는 다른 종으로 추정된다.
특히 떼를 지어 몰려오는 것도 육지에서 흔히 볼 수 있는 광경은 아니다.
해의가 무리 지어 이동하는 것을 보면 마치 전쟁 나가는 군병들처럼 보이기도 한다.
특히 이들이 편을 나눠 전쟁을 치른 것도 볼 수 있는데,
반드시 진 쪽 개미들의 머리를 다 끊어 놓는다.
생각보다 잔인한 성향을 가지고 있으며 인간에게도 예외가 없다.
작은 것들이라고 무시하다가는 개미에게 생명을 위협당할지 모른다.

분류 •	출몰 지역 •	출몰 시기 •	기록 문헌 •
괴물(벌레형)	바다	조선 중기	《연려실기술》
특징 • 바다를 타고 오며, 전투적 성향을 띤다.			

문헌

▌《연려실기술》별집 15권에 바다에서 온 개미에 대한 내용이 기록돼 있다.

선조 24년 신묘 4월에 양양, 삼척 등지에서 개미 떼가 나타났다. 이 개미 떼는 바다를 타고 왔는데 바다를 덮을 정도로 그 수가 많았다. 이들이 둘러싸기를, 마치 전쟁을 하는 것 같았고 생기가 있는 개체는 날아가기도 했다.

4월에 인천과 서울 서부 인가에도 개미가 나타났다. 이들은 서로 편을 나누어 싸웠는데 전쟁이 끝나고 나니 진 쪽은 머리가 다 끊어져 죽어 있었다.

해중조

해중조라는 이름은 우리나라에서 만들어진 것이 아닌 일본인이 부른 말이다.
생김새는 암꿩과 닮았으나 그보다 몸집이 작다.
특히 발 모양이 독특한데 마치 살쾡이나 고양이와 같은 생김새를 하고 있어
나뭇가지를 잡지 못한다. 즉, 나무에 앉을 수 없어 땅에 앉거나 날아다니는 모습이
목격된다. 이들은 이동할 때 수천만 마리가 떼를 지어서 움직인다.
이 모습이 꽤 장관인데 하늘을 덮듯 세차게 날아다닌다고 알려져 있다.
이들이 수천 마리씩 움직이면 그 날갯짓에 회오리바람이 일어날 정도라고.
주로 보리 뿌리를 쪼아 먹으며 농민들에게 해를 끼치기도 한다.

분류 • 괴물(조류형)	출몰 지역 • 영남	출몰 시기 • 미상	기록 문헌 • 《청파극담》
특징 • 떼를 지어 움직이는 새로, 마치 회오리 같다.			

문헌

▌《청파극담》에 이류이 다음과 같이 해중조를 기록하고 있다.

계묘년 겨울에 종실 회의도정이 이상한 새를 얻었다. 그 새는 암 꿩을 닮았으나 더 작았다. 또 발이 살쾡이나 고양이를 닮아 나뭇가지 를 붙잡을 수가 없어 나무에 앉을 수가 없었다. 박식한 이들을 찾아다 니며 이 새의 이름을 물었지만 대답해주는 이는 아무도 없었다. 그러 던 중 갑진년에 영남 안찰사로 있는 도중 한 사람이 이 새에 대해 이야 기해주었다.

"몇 해 전에는 이 새들 수천만 마리기 하늘을 뒤덮듯 날았는데 그 모양이 마치 회오리바람 같았다. 그리고 평야의 좋은 밭에 내려와 보 리를 쪼아 먹었다. 왜인이 이를 보고 해중조라 했다."

해치

해치는 중국 문헌에도 기록된 동방의 괴물로, '해태'라고도 불린다.
중국에 기록된 해치와 우리나라에 서식한 해치는 조금 다르다.
생김새를 살펴보면 온몸이 푸른 비늘로 덮여 있으며 소머리에 말의 얼굴을 한다.
몸은 사자를 닮았고 목에는 방울을 달고 있는데,
네 발에서는 짙붉은 갈기가 하늘을 향해 솟아 있다.
산속에서 주로 먹구슬 열매를 먹고 살고,
신성함이 가득해 해치 근처에는 파리 한 마리도 모이지 않는다.
해치는 늘 익살스럽고 장난스러운 표정을 하지만,
선과 악을 분간하고 시시비비를 가릴 줄 아는 현명한 동물이다.
또 화재를 막는 물의 신수여서 민간에서는
해치의 그림을 벽에 붙여두기도 했다.

분류 • 괴물(짐승형)	출몰 지역 • 전국 각지	출물 시기 • 시대 불문	기록 문헌 • 《동국세기》, 《이물지》 외 민간 설화
특징 • 불을 막는 물의 신수로, 시시비비를 가린다.			

문헌

▌ 중국에 기록된 해치와 우리나라에 기록된 해치는 조금 다르다. 일단 우리나라의 해치는 뿔이 없고, 좀 더 익살스럽다. 또 시간이 지나면서 이름 또한 변형돼 민간에서는 바다(해)라는 의미가 내포된 '해태(海駝)'라고 불리기도 한다. 해태가 물의 신수라는 것은 이름이 변형되면서 생긴 속성인 듯하다.

▌ 《동국세기》에 해치의 속성이 잘 기록돼 있다. 호랑이 그림은 대문, 개 그림은 광문, 닭 그림은 중문, 헤태 그림은 부엌에 붙이는데 이는 부엌이 다른 공간보다 화재의 위험이 많은 곳이기 때문이다.

▌ 해치가 '해님'과 '벼슬아치'의 합성어라는 민간 속설도 있다. 즉, '하늘에서 온 관리'라는 뜻인데 그래서 해치는 늘 공정함의 상징으로 사용돼왔다. 고려 시대 어사대부가 쓰는 관을 해치관이라고 했을 정도다.

현학

검은 학. 학은 천 년이 지나면 푸른색으로 변하고,
이천 년이 지나면 검은색으로 변한다고 전해진다
(문헌마다 차이가 있는데, 학은 260년을 사는 동물이라고 기록된 것도 있다).
문헌에 '현학이 날아올 정도로 춤을 춘다'는 표현이 있을 정도로
인간의 노래와 풍류를 좋아하여 아름다운 음악이 들리면 찾아와 춤을 추기도 한다.
하지만 이는 음악에 맞춰 춤추는 것이지 결코 사람을 좋아하는 것은 아니다.
오히려 사람이 다가가기 어려운 절벽 위에 집을 짓고 한 쌍으로 사는데,
금실이 좋은 생물이기 때문이다.

분류 •	출몰 지역 •	출몰 시기 •	기록 문헌 •
괴물(조류형)	고구려	삼국 시대	《신라고기》, 《신증동국여지승람》 등

특징 •
춤과 노래를 좋아하는 검은 학.

문헌

▌《신라고기》에 진나라 사람이 준 칠현금을 왕산악이 다시 재구성하여 연주하는 장면이 나온다. 이를 연주하자 검은 학이 와서 춤을 춰, 현학금이라 불렀다.

▌《신증동국여지승람》47권에는 강원도 표훈사 북쪽에 있는 금강대에 대한 지리 설명이 나오는데, 석벽이 천 길(약 3km)이나 돼 사람이 오를 수 없고 두 마리의 현학이 그 위에 집을 짓고 산다고 기록돼 있다.

▌진나라 때 쓰인 중국 고서 《고금주》에는 학이 천 년이 지나면 푸른색이 되고, 이천 년이 지나면 흑색이 된다고 기록돼 있다. 또 중국 고서 《사기정의》에는 260년을 사는 순흑색의 학이 있다고 기록돼 있다. 현학의 수명에 대해서는 여러 가지 설이 있는 듯하다.

호문조

《청장관전서》55권에 기록된 새로,
한자를 직역하면 호랑이 무늬의 새라는 뜻이다.
종종 사람을 먹기도 하는데 사람을 한입에 삼킬 수 있을 정도로 크고,
머리는 큰 항아리와 같고, 날개에는 거친 호랑이 무늬가 새겨져 있다.
평소에는 움직임이 매우 느릿느릿하지만 사냥할 때는 재빠르다.
호랑이 무늬의 새라고 해서 노란빛의 몸체를 상상하겠지만,
실제로는 붉은색으로 특히 날개, 털, 다리 부분이 강한 붉은 빛이다.
전라남도 홍도나 남해의 작은 섬에 서식한다.

분류 • 괴물(조류형)	출몰 지역 • 남해 인근의 섬들	출몰 시기 • 조선 중기	기록 문헌 • 《청장관전서》외 민간 설화
특징 • 인간을 잡아먹는 괴조로, 움직임이 느릿하다.			

문헌

▌《청장관전서》55권 〈양엽기〉에 다음과 같은 내용이 기록돼 있다.

영종 때 비변랑을 보내어 홍의도(현재의 홍도) 실정을 살펴보게 했
다. 실정을 살피다가 배 한 척이 무인도에 들어가 정박하는 도중 큰 새
를 발견하게 됐다. 새는 풀숲 사이에 엎드려 있었는데 머리가 큰 항아
리 같았고 날개에는 호랑이 무늬가 새겨져 있었다. 뱃사공들이 동행
한 이들에게 움직이지 말라 지시했고 그물과 자리(걸그물)로 몸을 덮
고 엎드려 동태를 살폈다. 잠시 후 새가 날아가는데 그 동작이 매우 느
릿느릿하니 무거워 보였다. 뱃사공들은 "저 새는 자주 사람을 먹으니
피한 것이오"라고 말했다.

▌일본 헤이안 시대에 편찬된 《일본기략》에도 호문조에 대한 내용이 나
온다. 차아천왕 홍인 4년에 우위문부에서 새를 바쳤는데 모습이 마치
호랑이와 같고 날개, 털, 다리가 붉었다고 기록돼 있다.

홍액충

붉은 점액 속 벌레라는 뜻으로, 몸속에서 기생하며 저주병을 일으킨다.
저주병이란 누군가의 저주로 인해 앓다가 죽는 병이다.
즉, 홍액충은 저주를 통해서 생겨나는 벌레로, 생기면 반드시 죽는다.
홍액충을 퇴치하는 방법은 상륙 생뿌리를 소주에 담갔다가 먹는 것.
이 약을 먹으면 홍액충은 버티지 못하고 붉은 액체와 함께 몸 밖으로 나와,
조그마한 벌레의 모양으로 곧 날아가 사라진다.
물론 한 번에 몸 밖으로 배출되지 않고, 두어 번의 시술로 배출된다.
하지만 이 시술을 거부하는 이들도 많다.
왜냐하면 이 약물을 먹으면 천지가 빙글빙글 돌다가 기절하기 때문이다.

분류 • 괴물(벌레형)	출몰 지역 • 평안도	출몰 시기 • 미상	기록 문헌 • 《청파극담》
특징 • 몸속에서 저주를 일으키는 날벌레.			

문헌

▌《청파극담》에 기록된 홍액충에 대한 내용은 다음과 같다.

상륙은 '장류근', '장륙'이라고 하는데 그 뿌리가 저주에 효험이
있다. 집에 종이 하나 있는데 친구들과 평안도 한 절에서 식사를 한 후
저주병에 걸려 돌아왔다. 함께한 이들은 열 명이었는데, 두 사람은 도
중에 죽고 남은 사람들은 집으로 돌아가 앓다가 죽었다. 종 또한 머지
않아 죽게 생겨 상륙 생뿌리를 한 줄기 찧어 소주에 담가 한두 수저 먹
였더니 곧 기절했다가 깨어났다.

항문에서는 붉은 섬액이 흘러나왔는데 이를 헤쳐보니 조그마한
벌레 한 마리가 날아갔다. 병은 나았으나 10일 후에 재발하여 다시 상
륙을 먹이려 했지만, 종은 이를 거부했다. 처음 먹었을 때는 아무렇지
않았다가 곧 천지가 뱅글뱅글 돌아 기절했기 때문이다. 종이 이에 먹
지 않고 죽겠다고 하자 어쩔 수 없이 신수단을 술에 타서 먹였더니 항
문에서 붉은 액체와 함께 벌레가 나왔고 병은 마침내 나았다.

황충

떼로 다니는 메뚜기를 말한다.
다른 괴물과의 차이점이라면 흔히 볼 수 있는
메뚜기가 떼로 몰려다니며 괴물화 됐다는 것이다.
식탐이 많은 황충이 지나가면 곡식부터 땅에 자라는 모든 것이 바닥난다.
게다가 한 번에 알을 100개 이상 낳는 무자비한 번식력까지 가지고 있다.
그래서 고문헌에 황충이 쓸고 가
마을에 먹을 것이 없었다는 이야기가 등장하곤 한다.
이런 괴물은 우리나라뿐 아니라 아프리카,
호주 등 다양한 국가에서 발생하는 자연재해 괴물로,
황색, 백색, 흑색, 청색 등 다양한 모습을 가진다.

분류 • 괴물(벌레형)	출몰 지역 • 전국 각지	출몰 시기 • 시대 불문	기록 문헌 • 《조선왕조실록》, 《고려사절요》 등
특징 • 떼로 몰려다니며 무자비하게 수탈해간다.			

문헌

▌《조선왕조실록》에 황충과 관련된 직접적인 내용이 간간이 등장하며,
황충 퇴치에 골머리를 썩인 흔적이 엿보인다. 다음은 태종 17년 6월
29일 기록이다.

　　평안도의 숙천, 중화 등지에는 황색, 백색, 흑색 황충이 곡식을 해
치고, 풍해도 황주 지방에서는 청색, 황색, 흑색 황충이 곡식을 해쳤다.

▌황충은 조정에 불손한 사람이 있어도 생긴다고 기록돼 있다. 《고려사
절요》 10권을 살펴보자.

　　태사(천문가)가 이르기를 "황충이 곳곳에서 일어나는데 이는 조정
에 충신이 없으며 간사한 사람이 벼슬자리에 있으면서 벌레처럼 녹
을 먹기 때문입니다."

흑무

함경도에 나타나는 검은 안개 괴물로, 실제 괴물의 이름은 아니다.
악취를 풍기며 등장하는데 냄새가 심해질수록 괴물이 근처에 오고 있다는 신호다.
악취에는 독기가 있어 장시간 노출되면 사망에 이르기도 한다.
흑무는 검은 연기처럼 허리 밑으로 자욱하게 깔리며 이동한다.
또 목적지에 다다르면 안개를 뭉쳐 몸을 변화시킨다.
약 세 장(약 9.09m) 정도까지 커질 수 있는데, 사람의 형태로 변하지는 않으며
그저 몽글몽글한 형태만을 취한다. 다만 두 눈은 광채를 띠며 뚫려 있다.
이 괴물을 퇴치하려면 물리적으로 강하게 내려치면 되고,
도력이 없이도 퇴치할 수 있다.

분류 • 괴물(자연형)	출몰 지역 • 함경도	출몰 시기 • 미상	기록 문헌 • 《천예록》
특징 • 악취를 풍기는 안개 괴물. 독기를 지니고 있다.			

문헌

▌《천예록》에 등장하는 악취를 풍기는 안개 이야기를 정리하면 다음과
같다.

함경도에는 부임만 하면 수령이 죽어 나가는 어느 고을이 있었
다. 많은 수령이 죽어 나갔기에 이 고을로 부임을 원하는 수령은 아무
도 없었다. 이에 겁 없는 한 무관이 부임돼 자리를 맡게 됐다. 그리고
고을에 도착했는데 이상한 냄새가 관아에 가득 차 있는 것이었다. 마
치 고기가 썩는 냄새 같았는데 이 냄새가 나면 괴물이 등장한다고 아
전이 말했다. 이 악취는 점점 심해졌고 매일 이 냄새를 맡는 수령은 정
신적으로 매우 피폐해지기 시작했다. 관아에 들어온 지 6일째가 되자
관내에는 검은 안개가 밑으로 깔렸다. 어느 날 밤이 되자 안개가 뭉쳐
세 장 크기 정도의 모습이 됐다. 딱히 어떤 형상을 띠지는 않았지만 두
눈만큼은 광채가 뛰어났다. 수령은 겁이 나 취기 상태에서 검으로 내
리쳤는데 그 후에 안개는 사라져 나오지 않았다.

흑호

검은 호랑이로, 《청구야담》에 기록된 양양 인근에서 등장한 괴호를 말한다.
이 호랑이가 특별한 이유는 일반 호랑이보다 공격력이 뛰어나기 때문이다.
흑호는 나이가 많은 호랑이로, 눈치가 빠르고 영감이 뛰어나다.
그래서 무기 등으로 무장하면 금세 눈치를 채서 나타나지 않고
반드시 맨손일 때 등장하는데, 이 때문에 퇴치하거나 물리치기가 매우 어렵다.
생김새도 매우 위협적이다. 눈에는 횃불 같은 광채가 나고 모습은 일반 호랑이와
같지만 그 기세가 다른 호랑이들을 훨씬 웃돈다. 울음소리만으로 인근 암석이
깨질 만큼 위압감이 있는데, 무관 이수기가 퇴치했다.

분류 • 괴물(짐승형)	출몰 지역 • 양양 인근	출몰 시기 • 조선 중기	기록 문헌 • 《청구야담》
특징 • 매우 위협적인 검은 호랑이. 영감이나 공격력이 뛰어나다.			

문헌

▌《청구야담》에 흑호를 죽인 이수기의 이야기가 기록돼 있다. 정리하면 다음과 같다.

　　인조 때 이수기라는 무관이 있었다. 무예에 출중하고 건장한 사내였는데, 어느 날 산에서 길을 잃었다가 한 노인의 도움으로 누군가의 집에 머물게 된다. 집주인은 건장한 사람이었는데, 10년 전 갑자기 나타나 마을 사람과 자신의 가족들을 죽인 흑호에게 복수하기 위해 산에서 지내는 것이었다. 주인은 이수기에게 함께 흑호를 물리칠 것을 제안했다. 흑호는 무기를 들고 있으면 나타나지 않고 항상 맨손일 때 나타나는데 이에 상대하기가 매우 까다로웠다. 주인과 이수기가 흑호가 나오는 음산한 계곡으로 가 맨몸으로 유인하자 햇불 같은 광채와 함께 호랑이가 나타났다. 흑호가 한 번 울 때마다 근처의 암석이 깨질 정도였다. 이수기는 두꺼운 가죽옷을 입어 흑호의 이빨과 발톱 공격을 방어하며 검으로 찔러 물리쳤다.

鬼

귀물은 주로 혼백으로 이루어진 기이한 존재다. 이들은 육신이 없는 경우가 많으며, 형체가 보여도 변화무쌍하거나 살아 있는 생명체와 같은 생생함이 없다. 귀물은 앞에서 소개한 괴물보다 인간에게 해를 끼치거나 장난을 치는 경우가 많아, 이들을 만나면 반드시 피해야 한다.

좌측의 큰 아이콘은 '귀물'을 의미하며, 여기서는 하위 귀물을 구분하지 않았다.

걸귀

굶어 죽은 귀신. 걸신이라고도 한다.
이것에 들리거나 씌면 미친 듯한 식탐이 생기는데,
이는 이승에서 못 먹은 한을 빙의한 후에 해소하려 하기 때문이다.
이를 보고 '걸신들리다'라는 표현이 생길 정도. 걸귀는 빙의 형태도 있지만,
혼령 자체로서의 형태로 목격되기도 한다.
하지만 귀신 상태에서도 식탐은 변함없다. 걸귀가 씌거나 집 안에 들어오면
거주민들이 고생하는 것은 말할 것도 없다. 어마어마한 식량을 준비하기 위해
전 재산을 탕진하는 사람까지 있을 정도.
다른 귀물에 비해 달래서 떠나보내기 쉽지 않은데
이는 먹어도 먹어도 만족을 못 하기 때문이다.

분류 • 귀물	출몰 지역 • 전국 각지	출몰 시기 • 시대 불문	기록 문헌 • 《어우야담》 외 민간 설화
특징 • 먹어도 먹어도 배가 고픈 지독한 악귀.			

문헌

▋《어우야담》에는 혼령 형태의 걸귀가 등장한다.

　　낙산 아래 소용동에 사는 과부 안 씨가 육십이 넘어 죽었다. 안 씨는 자녀가 없어 조카가 그 집에 거주했는데 어느 날인가 안 씨가 승복을 입고 둥근 모자를 쓴 후 앉아 있는 것이었다. 배고프다는 말에 가족들은 음식을 갖다 줬는데 잠깐 사이에 비우고 다시 달라고 청했다. 이렇게 한 달이 지났고 안 씨 귀신은 새로운 음식을 요구하기에 이르렀다. 음식을 주지 않으면 종을 때리거나 가족들에게 해를 미쳐 이러한 요구를 물리칠 수 없었는데, 그러다 재물도 다 떨어져 갔다. 조카네는 몰래 이사하려 했으나 이 또한 안 씨 귀신에게 들켜 포기한다. 어느 날, 안 씨 귀신이 그동안 미안했다며 마지막 전별 음식을 먹고 떠나겠다고 했는데 정말 그 후로는 며칠간 돌아오지 않았다. 하지만 십여 일 후 안 씨 귀신과 누더기 옷을 입은 귀신들이 집 안 가득 들어와 밥과 고기를 달라고 했고 조카네는 결국 파산했다.

귀곡성

귀신들이 내는 소리. 주로 곡소리가 많아 귀곡성이라 부른다.
귀가 찢어질 듯 소름 끼치는 소리로 묘사되지만 작게 흐느끼는 소리,
실성한 듯 웃으며 우는 소리, 소곤대는 소리 등 다양한 소리로 존재한다.
여러 귀신이 모여 울면 물 끓는 듯 요란한 소리가 들리기도 한다고.
귀곡성을 들으면 안 좋은 일에 휘말리는데, 나라가 망하거나 사람이 죽기도 한다.
그래서 귀곡성을 들었을 때는 조심하는 것이 좋다.
원한이 가득 찬 귀신이 등장할 때도 귀곡성을 내며 등장하기도 하고,
정말 드문 사례로 무언가에 감동받아 울 때도 있다.
이처럼 특정 짓기 힘든 다양한 사례가 존재한다.

분류 •	출몰 지역 •	출몰 시기 •	기록 문헌 •
귀물	전국 각지	시대 불문	《삼국사기》, 《어우야담》 외 민간 설화

특징 •
흐느끼듯 우는 소리로 존재한다.

문헌

▌《어우야담》에는 신축년 8월 3, 4일에 죽은 아내의 곡소리를 들은 노인이 등장한다. 노인은 다음 날이 추석이기에 죽은 아내가 감화한 것으로 생각하고 기분이 좋아졌으나 다음 날 집에 돌아오는 길에 호랑이에게 잡아먹혔다.

▌《어우야담》에는 곡소리의 다른 사례가 기록돼 있다.

　　김운란이라는 성균관 진사가 병에 걸려 폐인이 되고 눈이 모두 실명했다. 허루는 이 슬픔을 아쟁에 실어 연주했는데 그 곡조가 너무 비통했다. 갑자기 사당 안에 있는 귀신들이 일제히 소리 내어 큰 곡을 했는데 그 소리가 요란하여 마치 물 끓는 소리와 같았다. 김운란의 연주에 감격하여 운 것이다.

▌《삼국사기》의자왕 19년 기록에는 궁궐 남쪽 길에서 귀신이 곡을 했다는 기록이 있다. 이 귀곡성 외에도 다양한 징조 이후 나라가 망하게 된다.

귀화

도깨비불로, 주로 산이나 무덤가 혹은 폐가 등에서 등장한다.
불의 형태로 공중에 둥둥 떠 있으며 푸른빛을 낸다.
주로 도깨비가 변신하여 불이 되는 경우를 말하지만,
죽은 사람이 변하는 경우도 있다. 문헌에서 갑작스레 목격된 불덩이나
푸른 불로 표현된 것을 귀화로 보면 될 듯하다.
현대에 와서는 귀화가 사람의 인골에 포함된 인이 자연 발화되면서
생기는 불이나 반딧불이라는 과학적인 주장도 있다.
귀화는 사람을 홀리기도 하고 겁주기도 하는 독특한 귀물이다.
과거에는 많은 목격담이 있었지만 네온사인,
가로등 등 광공해가 심각한 현대에 들어서
도깨비불을 목격하는 일은 어려운 듯하다.

분류 • 귀물	출몰 지역 • 전국 각지	출몰 시기 • 시대 불문	기록 문헌 • 《송자대전》,《계곡집》외 민간 설화
특징 • 도깨비의 성격과 유사하다. 사람을 홀린다.			

문헌

▌《송자대전》215권에 등장하는 숙인 송 씨는 성격이 담대하여 도깨비
불이 근처까지 와도 꼼짝도 하지 않았다고 기록돼 있다. 결국 도깨비
불이 스스로 꺼졌다고.

▌《계곡집》26권에 도깨비불과 관련한 시가 적혀 있다. 이 시에는 장수
가 죽어 도깨비불이 되는 것을 시구로 기록하고 있다.

　　　역적 베지 못한 채 이렇게 끝나는가 未斬逆竪長已矣.
　　　꽃다운 영혼 귀화 따라 날릴 리 있을까 英魂不逐夜燐飛.

▌《용재총화》8권에도 도깨비불이 등장한다. 저자 성현의 외숙이 서원
별장으로 가다 목격했는데 횃불 같은 불덩이가 공중에 둥둥 떠서 이
동했다고 한다. 그 빙 둘러싼 무리 길이가 5리(약 1.96km)였다고 기록
돼 있다.

그슨대

제주도 귀물. '그신새', '그신대'라고도 불린다
(주로 제주 북방에서는 그신새, 제주 남방에서는 그신대라고 한다).
컴컴한 밤 지상에 한없이 큰 형상으로 나타나 사람을 해치는 혹독한 사귀(邪鬼)로,
목격자들에 의하면 키가 하늘에 닿을 정도로 크다고 한다.
민망하게도 가랑이를 딱 벌리고 서 있는데 그 밑을 지나가는 사람은 병석에서
시름시름 앓다가 죽는다. 또 충격으로 목격한 후 돌아오는 길에 기절하기도 한다.
때리면 점점 더 커지는 귀물로 알려져 있으며 밤에만 목격이 된다.
이 귀물 또한 사람의 공포심을 유발하여 해하는데, 보고 난 후 시름시름 앓게 되면
굿을 통해 치유하기도 한다.
그슨대가 "과쌍" 하는 소리는 내며 쓰러지면 사람이 깔려 죽기도 한다.

분류 • 귀물	출몰 지역 • 제주도	출몰 시기 • 시대 불문	기록 문헌 • 민간 설화
특징 • 가랑이를 벌리고 서 있는 제주 전통 귀물.			

문헌

▌《제주신문》1993년 8월 28일 자에 그슨대 관련 기사가 있다.

   4.3사건 때 억울하게 죽은 영혼들이 묻힌 한림 공동묘지. 어스름
녘, 갑자기 비가 오고 주위가 어둠으로 바뀌어 장 씨는 겁이 났다. 그
렇지만 소를 끌고 산을 나와야 한다는 생각에 바쁜 걸음을 재촉했다.
공동묘지 옆 오솔길에 들어섰을 때 비는 그쳤으나 안개가 자욱하여
오싹한 기분이 들었다. 소는 아무리 끌어도 움직이려 하지 않았다. 이
상하게 여긴 장 씨는 그제야 정면을 쳐다보았다. 아니나 다를까 거기
에는 사람의 모습을 한 커다란 형체가 가랑이를 딱 벌리고 서 있는 것
이 아닌가. '아이고, 저게 바로 그신새라는 귀신이구나!' 장 씨는 혼비
백산하여 자리에서 기절했고 집까지 어떻게 왔는지 기억조차 나지
않는다고 말했다.

그슨새

'그슨대'와 이름이 헷갈릴 수 있는 귀물로,
우장(비를 맞지 않기 위해 입는 도롱이)을 닮았다.
이 귀물은 독특하게도 주젱이(낟가리 위에 빗물이 새지 않도록 덮어놓는 것)를
뒤집어쓰고 있는데 사람의 마음을 조정하여
자살하게 만든다. 정확한 생김새는 알려져 있지 않으나
공중에 부유하며 공격 대상을 찾는다.
그슨새가 날개를 펄럭이며 날아오면 이를 본 사람은 홀리게 된다.
그 후에 하는 행동은 단 하나, 근처에서 죽기 위해 줄을 찾는 것.
이외에 그슨새가 사람을 덮치는 경우가 있는데 그러면 넋이 나가 죽는다.

분류 • 귀물	출몰 지역 • 제주도	출몰 시기 • 시대 불문	기록 문헌 • 제주도 민담
특징 • 주젱이를 쓰고 날아다닌다. 사람을 자살시킨다.			

문헌

▌ 현용준의《제주도 민담》을 보면 그슨새의 목격담이 등장한다. 1959년 8월 제주상업고등학교 학생인 김우현 씨가 조사했고, 제보자는 구좌면 평대리에 살고 있으며 성명은 미상이다.

평대리의 한 농부가 밭을 갈고 돌아오는데 이웃집 친구와 같이 복귀하려고 친구네 밭에 들렀다. 가까이 가면서 보는데 친구가 이상한 짓을 하고 있었다. 갑자기 소를 세우고는 소의 고삐를 풀어서 줄로 자기 목을 감아 묶어 조였다가 풀고 하는 것. 하도 이상해서 계속 지켜보고 있는데 이번엔 고삐 줄을 가지고 비자나무로 가는 것이다. 농부는 큰일 났다 싶어 친구에게 가 정신 차리게 하고 이유를 물었다. 친구가 말하길 "아 이 사람아. 밭을 한창 갈고 있으니까 우장 닮은 놈이 공중에서 날개를 펄럭이며 날아와 내 목에 줄을 걸었다니까. 걸고 나서 당기고 놓고 했다네. 그러다가 그 줄을 갑자기 확 당기는 게 아닌가."

꺼먹살이

구전으로 알려진 독특한 귀물. 1960년대 초 대전 원정역 부근에서
신씨 성을 가진 한 여인에게 목격됐다. 이름처럼 새까맣고,
세 살 정도 아이 크기이며, 동글동글하게 생겼다. 어떤 말을 해도 "나는 꺼먹살이,
꺼먹살이"라고 말하며 길을 막고 대꾸하는데 도망가면 계속 쫓아온다.
반면 한 걸음 다가가면 한 걸음씩 물러서는 모습을 보인다.
꺼먹살이는 계속 따라다니며 공포심을 일으키는 귀물이지만,
더 이상 공포를 느끼지 않는다고 생각하면 따라오지 않는다.
즉, 만났을 때 강한 척하며 아무렇지 않게 행동해야 한다는 것.
어둑시니와 비슷한 생김새와 특징이 있어 동류로 추정된다.

분류 • 귀물	출몰 지역 • 대전 원정역 부근	출몰 시기 • 1960년대 초	기록 문헌 • 《도시전승설화자료집성》 7권
특징 • 까맣게 생긴 작은 괴물. 꺼먹살이라고 말하며 다닌다.			

문헌

▌《도시전승설화자료집성》 7권에 꺼먹살이의 유일한 기록이 담겨 있다.

신기가 있는 한 할머니가 대전 원정리 부근 산골 반송이라는 곳에서 살았다. 하루는 방아를 찧기 위해 방앗간에 갔다 오니 자정을 넘어 새벽 한 시가 다 돼갔다. 집에 가기 위해 산모퉁이를 돌아오는데 수풀에서 새까만 강아지 같은 게 쏙 나왔다. 어디 가지도 않고 옆으로 왔다 갔다 하며 점차 다가왔다. 할머니가 물러서라고 소리를 치자 "나는 꺼먹살이다, 나는 꺼먹살이다"라고 말하며 이리 갔다 저리 갔다 하며 길을 막았다. 할머니는 "네가 늑대냐, 도깨비냐, 개냐" 묻자 계속 "꺼먹살이, 꺼먹살이"라고만 대꾸했다.

바짝 다가가니 산기슭으로 조금 물러났고 이때 기회를 봐 지나쳐 걷기 시작했다. 꺼먹살이는 계속 "나는 꺼먹살이, 나는 꺼먹살이"라며 쫓아왔고 냇물을 건넌 후 쫓아올 테면 쫓아와 보라며 소리치자 더 따라오지 않았다. 꺼먹살이는 키가 세 살만 하고 동그랗고 손, 발도 있었으며 걸어 다녔다고 한다.

달걀귀

달걀귀는 꽤 유명한 데 비해 자료가 많지 않은 귀물이다.
흔히 알고 있듯 얼굴에 눈, 코, 입, 귀가 없어 마치 달걀과 비슷하여 이름이 붙여졌다. 하얀 베옷을 주로 입고 다니며 얼굴을 보면 공포심에 바로 혼이 나가 죽는다고 한다. 눈, 코, 입이 없는 얼굴을 실제로 보는 것은 생각보다 기괴한 일인 듯하다.
달걀귀는 늘 걷고 있는 모습으로 목격되는데,
어떤 특정한 목표를 두고 걷는 것은 아닌 듯하다(어찌 보면 배회하는 배회령의 특성을 띤다). 또 혼자가 아닌 두 명이 걸어 다닐 때도 있는데,
이때는 주로 남녀 귀물로 한 일행이 된다.
특징 없는 밋밋한 귀물이지만, 얼굴을 보면
죽음에 이르기 때문에 절대 마주치지 말아야 한다.

분류 • 귀물	출몰 지역 • 파주 탑삭골	출몰 시기 • 시대 불문	기록 문헌 • 민간 설화
특징 • 이목구비가 없다. 정처 없이 걸어 다닌다.			

문헌

▋ 달걀귀가 나오는 가장 유명한 이야기는 파주 탑삭골 전설이다.

경기도 파주시 조리읍 근방의 탑삭골에서 있었던 일이다. 한 젊은이가 장터에서 시간을 오래 보내다 보니 집에 오는 길이 늦어졌다. 워낙 흉흉한 소문이 많았던 터라 젊은이는 억지로 걸음을 청했으나 무서움은 여전히 마음 한구석에 있었다. 때마침 앞쪽에 두 노인이 지나가고 있었는데 허리는 구부정했고 흰 베옷을 입고 있었다. 혼자가 아니라는 생각에 재빨리 뒤따르며 안도하고 있을 때였다. 갑자기 노인들이 마을 방향이 아닌 다른 방향으로 꺾어 들어가는 것이었다. 그곳은 낭떠러지였기에 젊은이는 큰 소리로 가면 안 된다고 소리쳤고 두 노인은 멈추었다 다시 젊은이를 향해 다가왔다. 두 노인이 젊은이를 스쳐 지나가자 젊은이는 화가 나 노인을 불러 세웠다. 하지만 두 노인의 얼굴에는 눈, 코, 입이 없었으며 이에 놀란 젊은이는 놀라 까무러친 뒤 며칠 후 사망했다.

대괴면

커다랗고 괴상한 얼굴을 가진 귀물.
너무 얼굴이 커서 나무에 기대어 있는 것이 목격된 경우도 있다.
높은 관을 쓰고 있거나 노파의 모습으로 보이기도 하는데 뜬금없이
나타나 기이한 외모로 이질감이 들게 한다.
뚫어지게 쳐다보거나 손을 휘저으며 나아가면 서서히 사라진다.
즉, 겁을 먹지 않는 것이 최선. 얼굴의 크기는 울타리에 가득 찰 정도로 크고,
주로 나무나 숲이 있는 곳 등에서 자주 나타나며 영감이 강한 사람에게 잘 발각된
다. 집에서만 부르던 어릴 적 이름을 알 정도로 신묘한 기운을 가진 경우도 있다.

분류 •	출몰 지역 •	출몰 시기 •	기록 문헌 •
귀물	숲 근처	시대 불문	《용재총화》, 《해동잡록》 등
특징 •			
과상하고 큰 얼굴을 가진 귀물.			

문헌

▌《용재총화》에 기록된 큰 얼굴을 가진 귀물에 대한 내용은 다음과 같다.

저자의 외삼촌 안공은 귀신의 형체를 잘 보았는데 일찍이 임천 군수가 됐다. 어느 날 주변 관리와 함께 술자리를 갖던 중 갑작스레 사냥개가 큰 나무를 향해 짖기 시작했다. 안공이 돌아보니 한 괴물이 고관대면(높은 관을 쓰고 큰 얼굴을 함)으로 나무에 기대어 서 있었다. 안공이 뚫어지게 쳐다보니 점차 흐릿해져 사라졌다.

▌《해동잡록》에도 다음과 같이 큰 얼굴을 가진 귀물이 기록돼 있다.

첨중추부사 송희규가 어두운 날에 탱자나무 숲에서 한 노인을 보게 된다. 그 노인은 송희규의 어릴 적 이름을 부르고 있었다. 그 모습이 장난 같았는데 가까이서 보니 얼굴이 울타리에 꽉 찰 만큼 거대했다. 이에 놀라 벌떡 일어나 앞으로 나가며 손을 휘저으니 그 모양이 점차 사라졌다.

도깨비

가장 한국적인 귀물로 '망량', '나티' 등으로 불린다.
실은 귀물보다 정령에 가깝다. 주로 잘생기고 털이 많은 것으로 묘사된다.
근처에 가면 누린내가 나고 장난기가 많으며 인간을 만나면
주로 '김서방'이라고 지칭하는데, 이는 한국 성씨 중 김씨가
많기 때문으로 추정된다. 오래된 싸리 자루나 그릇에 깃들 때도 있고,
자연적으로 생길 때도 있다. 뿔은 '있다', '없다' 논란이 많으나
확언하기 어려운 부분이다. 조각상이나 그림에서 뿔 달린 도깨비와 비슷한
귀물이 발견되기 때문이다. 도깨비는 너무나 다양하게 구전돼 오고 있어
딱 단정 지어서 특정하기 어렵다. 다만 우리 민족과 함께해 온 귀물임은 틀림없다.

분류 • 귀물	출몰 지역 • 전국 각지	출몰 시기 • 시대 불문	기록 문헌 • 《해동잡록》, 《삼국유사》 외 민간 설화
특징 • 장난기가 많으며 약간 어리석은 면이 있다.			

문헌

▌《해동잡록》에는 도깨비를 산과 바다의 정령으로 표현하고 있다. 즉,
자연의 나무, 풀, 돌 등이 정령화됐다는 것이다.

▌《삼국유사》에 기록된 비형은 귀신의 아들로 도깨비들을 수족처럼 부
려 하루 만에 다리를 만들어내기도 한다. 다리는 귀교(鬼橋)라 불렸다.

▌《어우야담》에 도깨비로 추정되는 누린내가 나는 괴물이 기록돼 있다.
　　백악산 기슭 청송당에서 성수침이 홀로 앉아 있는데 무언가가 집
모퉁이에 섰다. 이는 기다란 감색 옷을 입고 머리는 흐트러지고 머리
카락 사이로 두 눈이 동그랗게 보여 괴상한 형태를 띠었다. 선생이 앞
으로 나아가자 역한 누린내가 났다.

▌《면암집》에서는 해괴한 행동을 하는 이를 두고 "도깨비에게 홀려 실
성한 사람들 같았다"고 표현한다. 도깨비에 대한 인식이 어땠는지 알
수 있는 부분이다.

▌도깨비의 서식지는 주로 어두운 곳이나 숲으로 기록돼 있다. 《목민심
서》호전 6조에는 "마치 도깨비가 숲을 잃는 것과 같다"라는 기록이 있
으며, 《백호전서》에는 "어두컴컴한 곳에 사는 도깨비 하며"라는 기록
이 있다.

▌《산림경제》4권을 보면 도깨비를 퇴치하는 독특한 방법이 등장한다. 그 내용은 다음과 같다.

산에 들어가면 도깨비들이 사람의 형태로 변하여 홀리는 경우가 있다. 9촌(약 27cm)이 되는 거울을 등 뒤에 달면 이를 방지할 수 있다. 도깨비들의 형상이 거울에 비치면 변하지 못하고 사라지거나 뒤로 물러간다.

▌《동문선》56권에서는 정도전이 목격한 도깨비로 추정되는 기록이 있다(원문에는 '이매망량'이라 적혀 있지만 흐름이나 내용상 도깨비로 추정된다).

회진(전라남도 나주 지역)은 거산과 숲이 많고 바다와 가깝고 민가가 적다. 그래서 아지랑이가 오르고 장기(축축한 땅에 생기는 독기)가 음기로 바뀌어 비가 많이 내린다. 그곳에서 산과 바다, 음과 허, 풀과 나무, 흙과 바위의 정기가 서로 스며들고 융화되면 도깨비가 된다. 도깨비는 사람도 아니고 귀신도 아니며 저승, 이승 어디에도 속하지 않은 존재다. (중략) 정 선생이 홀로 앉아 잠이 든 듯 만 듯할 때 도깨비 무리가 나타나 바람을 일으켰다. 웃기도, 울기도 하며 날뛰었는데 선생이 손을 들어 내젓고 소리를 크게 질러 쫓아냈다. 조용히 앉아 가수(가수면) 상태로 앉아 있으니 그놈이 다시 친구들을 몰고 나타났다. 선생이 말하길 "나는 사람이며 너희와 다르다"라고 하니 도깨비 중 하나가 이렇게 말했다. "어두컴컴한 언덕, 쓸쓸한 들은 우리가 사는 곳일세. 자네가 온 것이지 우리가 온 것이 아닌데 왜 우리에게 떠나라 하는가."

▌《서계집》6권에는 도깨비방망이에 대한 기록도 있다. "두드릴 때마다 떡이 나오는 도깨비방망이"라는 구절이 있는데 이는 두드리면 무엇이든 나오는 도깨비방망이의 일부분을 묘사한 것이다.

▌《성호사설》1권에는 "간혹 돌이 날아오고 물건이 난데없이 쌓이는 것은 도깨비의 장난이다"라고 써 있다. 또 "도깨비는 바람과 힘이 뭉친 것이다. 바람은 못 들어가는 곳이 없고 큰 물건을 작게 만들 수 있으며 무슨 물체든 창틈으로 끌어낼 수도 있다"라고 기록돼 있다. 도깨비의 신통력을 잘 보여주는 구절이다.

▌도깨비는 주로 밤에 활동한다.《연암집》에 "태양이 막 솟으면 도깨비들은 재주를 부릴 수 없고"라는 기록이 있다.

두두리

도깨비의 원류로 추정되는 귀물. '두두을'이라고도 불렸으며,
나무의 정령이자 절굿공이의 신이어서 '목매', '목랑' 등으로도 불렸다.
또 일각에서는 도깨비의 옛 이름이라는 견해도 있다.
문헌에 '두두리(豆豆里)'라는 지명이 등장하는데, 영묘사의 3층 불전이 바로 그것이다.
원래 큰 연못이 있던 터를 두두리에 살던 사람들이 하룻밤 만에 메우고
불전을 세웠다는 것이다. 그런데 지역 이름이 아닌 특정 귀물 그룹을
말한 것이라는 설도 있다. 즉, 신비한 힘을 가진 두두리 떼들의
기록이 와전됐다는 것이다. 정확한 생김새나 특징은 알려져 있지 않다.

분류• 귀물	출몰 지역• 영묘사 근처	출몰 시기• 삼국 시대	기록 문헌• 《신동국여지승람》
특징• 도깨비의 원류로 추정된다. 신비한 힘을 가졌다.			

문헌

▌《신동국여지승람》21권에 기록된 두두리에 대한 내용은 다음과 같다.

영묘사는 부의 서쪽 5리에 있다. 당나라 정관 6년에 신라 선덕왕
이 창건했다. 신라 때는 많은 절이 있었으나 모두 허물어지거나 낡았
는데 유독 영묘사만큼은 어제 지은 것처럼 오롯이 서 있다. 전설에 전
해지기를 영묘사의 절터는 본래 큰 연못이었는데 두두리에 사는 여
러 사람이 하룻밤 사이에 메우고 이 절을 세웠다고 한다.

두억시니

'두억'은 '머리를 억누른다'는 한자어다. 도깨비와 많이 헷갈리지만
실은 완벽하게 다른 귀물로, 한자로 두억신(頭抑神)이라고 부르기도 한다.
정확하게 묘사된 문헌은 거의 없으며
《천예록》에 어린아이의 모습으로 나타난 기록이 있다.
두억시니는 마음에 들지 않는 이의 머리를 깨부수는 재주가 있다.
또 전염병을 퍼뜨리기도 하는데 이러한 부분으로 보아 사악한 악귀로 추정된다.
도깨비는 두억시니에 비하면 애교 많은 어린아이로 보일 정도.
《송남잡지》에 "두억은 원래 안당의 계집종이었는데 원통하게 죽어 귀신이 됐다"
라는 구절이 있어 여성 괴물이 아니냐는 추측도 있다.

분류 • 귀물	출몰 지역 • 전국 각지	출몰 시기 • 시대 불문	기록 문헌 • 《천예록》 외 민간 설화
특징 • 사악한 악귀로, 머리를 억누르는 귀물이다.			

문헌

▌《천예록》에 다음과 같은 두억시니에 대한 기록이 있다.

한 양반집에 경사스러운 일이 있어 잔치를 열었다. 일가친척이 모이니 꽤 사람이 많았는데 홀연히 더벅머리 아이가 나타나 서 있었다. 그 모습이 매우 기이하고 매서웠다. 아이의 나이는 14~15세쯤으로 보였다. 이에 사람들이 서로 누구 집 종이냐 묻고 아이에게도 물었으나 아이는 묵묵부답이었다.

이 상황이 기괴하여 아이를 끌어내기 위해 굵은 밧줄을 걸어 당겼으나 산처럼 움직이지 않았다. 이에 힘센 장정 대여섯이 다시 당겼으나 역시 꿈쩍도 하지 않았다. 그러자 아이가 사람이 아님을 알고 모두 뜰에 내려가 무릎을 꿇고 두 손을 모아 간절히 빌었다. 한참 뒤 아이는 이를 비웃으며 나갔다. 다음 날 잔치에 참여했던 사람들이 하나둘 전염병으로 죽었으며 아이를 욕한 사람, 끌어내라고 한 사람, 때리라고 한 사람, 장정과 종 들의 머리가 모두 으깨져 죽었다.

몽달귀

몽달귀는 한국의 스타급 귀물이다.
처녀귀신(손각시)과 더불어 늘 공포 영화나 공포담에 등장하기 때문이다.
몽달은 총각을 뜻하는 말로, 몽달귀는 결혼하지 못한 총각이 죽어서 된
귀신을 말한다. 특정한 형태는 정해져 있지 않다.
가끔 '도령귀신'이나 '삼태귀신' 등으로 불리나 가장 많이 쓰이는 명칭은
누가 뭐래도 몽달귀다. 주로 결혼을 못 하고 죽은 귀물이기에
겁을 주거나 피해를 주는 대상은 미혼 여성이다.
몽달귀가 붙으면 한을 풀어줘야 하는데 가장 좋은 수는 바로 허혼(가짜 결혼)이다.
처녀의 속옷을 무덤에 올리는 이상한 방법도 있다.

분류 • 귀물	출몰 지역 • 전국 각지	출몰 시기 • 시대 불문	기록 문헌 • 《어우야담》 외 민간 설화
특징 • 결혼을 하지 못한 것이 원한으로 맺혀 있다.			

문헌

▌《어우야담》에 몽달귀로 보이는 귀물이 등장한다.

만력 기미년에 한 선비가 대천교 아래 이충원의 딸을 찾아냈다. 처자는 반쯤 죽어 있는 상태로 발견됐고, 선비는 꿈에 한 남자를 만나게 된다.

"예쁜 색시를 얻어 사랑을 나눴는데 너 때문에 잃게 돼 매우 슬프다. 너의 아내로 그 자리를 대신해야겠다."

선비가 꿈에서 깨니 정말로 부인이 사라졌고 얼마 뒤 다시 꿈에 사내가 나타난다.

"아내를 다시 찾았으니 네 부인을 돌려주겠다."

선비가 수소문해보니 이충원의 딸은 사망했다고 한다.

▌황진이의 일화에도 몽달귀가 등장한다.

황진이를 짝사랑한 사내가 죽고, 그 상여가 황진이의 집을 지날 때 움직이지 않은 것. 결국 황진이가 속적삼(속옷)을 얹고 속삭이자 상여가 다시 움직였다.

백발노인

삼척에 나타나는 노인. 고려 공양왕이 삼척에서 죽었는데
그 이후로 등장하기 시작한 귀물이다. 이 노인이 나타나면
반드시 부사(고을 수령)가 죽는다. 아니, 죽인다는 표현이 맞다.
이 노인은 한눈에 부사(수령)와 감사를 알아채는 능력이 있는데,
왜 부사를 죽이는지는 알 수 없다. 나타날 때도 소리 소문 없이 등장하는데,
주로 집무실 창밖에서 스윽 보고 지나가면서 부사이면 죽인다.
갑작스레 나타나기에 아무도 그 기척을 눈치채지 못하는데
생김새도 일반 노인과 다를 바가 없어 언뜻 보면
그가 사람인지 귀물인지 알 수가 없다.

분류 •	출몰 지역 •	출몰 시기 •	기록 문헌 •
귀물	강원도 삼척	미상	《어우야담》
특징 •			
백발머리를 한 노인으로, 고을 부사를 죽인다.			

문헌

▌《어우야담》에 기록된 백발노인의 모습은 다음과 같다.

과거 공양왕이 삼척에서 죽고 귀신의 재앙이 깃들기 시작했다. 바로 백발노인이 나타나는 것인데 그가 나타나면 반드시 고을의 부사가 죽었다. 윤변이 부사를 지내다가 병이 나 누워 있을 때 관찰사 송기수가 삼척부에 들어와 머물렀다. 그가 혼자 집무실에 앉아 있는데 한 백발노인이 창밖으로 그를 들여다보았다. 그러고서는 "부사인 줄 알았는데 감사로구나"라며 창문을 닫고 사라졌다. 이에 송기수가 놀라 누구냐고 물었으나 대답이 없었다. 이에 시녀와 하인들을 불러 외부인의 출입에 대해 다그쳤으나 그들은 아무도 들어온 이가 없다고 했다. 이 일에 놀라 짐을 꾸려 강릉으로 출발했는데 그가 강릉에 닿기도 전에 부사가 죽었다는 소식을 들었다. 이때부터 이 고을에 오는 부사는 연이어 사망했다.

빙의

빙의는 귀신에 씌는 것을 말한다. 즉, 인간의 몸에 다른 귀물이 들어오는 것.
빙의를 주로 하는 혼령은 빙의령이라고 부른다.
빙의가 되는 원인은 죽은 사람의 물건을 가져오거나 영과 접촉했을 때
혹은 그 터에 있는 귀신에 씌일 때 등 다양하다.
빙의되면 생전에 했던 행동을 하거나 갑자기 미래를 예견하거나
인간이 할 수 없는 기이한 일들을 하는데, 붙은 귀신에 따라 하는 행동이 다르다.
귀신을 나가게 하는 방법은 무속인을 불러 퇴치 굿을 하거나
원한이 있다면 해소해주면 된다. 하지만 대부분 사람 몸에 있는 것을 좋아하여
쉽게 떠나지 않는다. 주로 악령이 많다.

분류 • 귀물	출몰 지역 • 전국 각지	출몰 시기 • 시대 불문	기록 문헌 • 《어우야담》, 《용재총화》 외 민간 설화
특징 • 혼령이 사람에게 씐다.			

문헌

▌《어우야담》에 경귀석과 함께 빙의하는 기록이 나온다.

> 선조 때 선비 원사안의 누이가 갑자기 이상한 소리로 말하길 "나
> 는 너의 누이가 아니라 형수인 남 씨다!"라고 했다. 그 혼이 들락날락
> 했는데 1년여 지속되자 몸이 버티질 못했고 가족들 또한 상대하기 괴
> 로웠다. 결국 조상신의 도움으로 경귀석을 얻어 누이의 허리춤에 착
> 장하자 두 번 다시 오지 않았다.

▌《용재총화》 3권에서도 빙의와 관련한 기록을 볼 수 있는데, 성현의 장
모 정 씨의 계집종에게 붙었다고 기록돼 있다. 빙의령은 신기가 있는
귀물이었는지 집의 길흉화복을 모두 맞췄다고 한다. 집안에서 싫어했
는데 정구가 찾아와 숲으로 가라고 호통치자 통곡하며 물러났다. 기
록에서는 빙의된 귀신을 자색 수염의 대장부라고 표현하고 있다.

삼구귀

입이 세 개에 머리가 하나인 귀물. 괴상하고 흉측하게 생겨
공포감을 자아내지만 인간에게 해를 끼치지 않는다.
오히려 먹을 것을 주면 도움이 되는 말들을 해주기도 한다.
기록에서는 밥 한 동이, 두붓국 반 동이를 먹고 이상한 말들을 읊기도 했다고
(두부를 꽤 좋아하는 편인데 한국 귀물들은 전반적으로 두부에 집착하곤 한다).
이상한 말은 두 부류로 나뉘는데 첫째는 하늘에서 내려왔기에
날씨나 천문에 대한 이야기를 한다. 주로 언제 비가 오는지,
비가 안 오면 어떻게 해야 하는지 등이다.
둘째는 누군가의 이야기를 전해주는 것이다.
귀가 밝아 인간의 이야기를 잘 듣고 그것을 말해준다.

분류 • 귀물	출몰 지역 • 전라남도 화순	출몰 시기 • 조선 초기	기록 문헌 • 《조선왕조실록》
특징 • 인간 세상에 내려와 허기를 채우고 예언해준다.			

문헌

▌《조선왕조실록》 성종 1년 5월 26일 기록에 삼구괴에 대한 기록이 등
장한다.

　　함평사람 김내은만의 아내가 말한 이야기는 다음과 같다. 입은
셋이고 머리가 하나인 귀물이 하늘에서 내려와 능성 부잣집에 갔다.
그곳에서 귀신은 밥 한 동이, 두붓국 반 동이를 먹고 이상한 이야기
를 들려주었다. 귀신이 말하길 이번 달에는 비가 오지 않고 그다음 달
스무날에 비가 온다는 것이다. 하지만 만약 비가 오지 않아도 밭은 매
지 말라고 했다. 또 진생(용의 해에 태어난 사람), 신생(원숭이 해에 태어난 사
람), 유생(닭의 해에 태어난 사람)인 사람들은 올해 모두 죽는다고 했다. 이
는 한 역술가가 일꾼에게 한 말을 귀신이 듣고 이야기한 것이라 했다.

손각시

한국의 대표 귀물로, 처녀귀신의 다른 이름이다.
손각시는 '손씨 가문의 각시'라는 뜻에서 유래됐으며, 결혼하지 못한
여성 귀물을 말한다. 주로 소복을 입고 나타나며 얼굴은 파리해 핏기가 없다.
직접 실물이 나타나기도 하고 꿈에 등장하기도 한다.
몽달귀는 결혼하지 못한 것에 대한 원한이 있는데,
손각시는 그냥 결혼하지 못한 귀신이라는 점이 다르다.
이는 억울한 죽임을 당했거나 사랑하는 이에게 버림받는 등
원한의 종류가 다양하다는 의미이기도 하다.
그래서인지 결혼을 시키기보다 원한을 풀어줘야 사라지는 경우가 많다.

분류 • 귀물	출몰 지역 • 전국 각지	출몰 시기 • 시대 불문	기록 문헌 • 민간 설화
특징 • 원한이 가득하고, 항상 슬픔에 차 있다.			

문헌

▌《신립설화》에 원한이 가득한 손각시가 등장한다.

　　신립이 문경새재에서 귀신들로부터 한 여성을 구해주고 길을 떠나려 했으나 여성은 신립과 함께 가려 했다. 신립은 이를 뿌리치고 떠났고 여성은 신립이 보는 앞에서 투신자살한다. 후에 임진왜란이 일어났고 신립은 도순변사로 충주를 지키게 됐다. 이때 신립은 문경새재로 가서 방어하느냐, 탄금대로 가서 배수의 진을 치고 전투를 벌이느냐 선택해야 했는데 그날 신립의 꿈에 여성이 나타나 탄금대로 갈 것을 권했고 정말 탄금대에서 전투하다가 전멸했다.

▌《아랑설화》에 기록된 손각시에 대한 이야기다.

　　밀양은 새로운 태수가 부임하면 첫날밤에 귀신이 나타나 죽어 나가는 고을이었다. 한 담대한 신임 태수가 이를 기이하게 여겨 밤새 기다리니 한 여자 귀신이 나타나 자신의 억울함을 이야기했고 태수는 다음 날 여인의 말에 따라 범인을 잡아 원한을 풀어주었다.

신기원요

원한을 가진 기생 귀물이다. 손각시에 속하는 귀물로,
실제 이름은 아니다. 대들보 사이에서 나타나며 사지가 떨어져
끔찍한 몰골을 하고 있는데 팔, 다리, 몸통, 머리 등이 차례로 들보에서 떨어지며
이것들이 이어져서 여성의 형태를 취한다. 하얀 피부가 백옥 같고,
아름다우며, 나체로 나타나고 등장한 곳에는 핏자국이 낭자하다
(얇은 비단이 감싸고 있다는 기록도 있다). 사지가 따로따로 떨어지는 이유는
겁탈 후 살해당할 때 큰 돌멩이로 사지를 눌러 움직이지 못하게 했기 때문이다.
원한을 풀어주면 다시는 나타나지 않는다.

분류 • 귀물	출몰 지역 • 관서 지방	출몰 시기 • 조선 중기	기록 문헌 • 《대동기문》,《고금소총》 등
특징 • 몸이 따로 떨어지는 아름다운 기녀 귀물.			

문헌

❚ 《대동기문》 1권에 신기원요에 대한 다음과 같은 기록이 있다(같은 내용이 《고금소총》에도 기록돼 있다).

조광원이 중국으로 향하던 중 잠시 관서 지방에 머물게 됐다. 수행 아전이 객관이 아닌 관사로 인도하여 그 연유를 물으니 객관에 귀신이 나온다고 했다. 조광원은 수행 아전을 꾸짖으며 개의치 않고 객관에 묵기로 했다. 한밤중이 되자 조광원이 앉아 있는 방 안에 한기가 돌고 위쪽 들보가 삐걱거리기 시작했다. 갑자기 천장에서 사지와 몸통, 머리가 차례로 떨어져 여인의 모습이 됐는데 피가 낭자했고 나체에 장부 종이가 붙어 있었다. 여인이 울며 본인은 기생인데 밤중에 소변을 보러 가다가 힘이 센 장사가 겁탈해 살해했고, 옷을 찢어 입을 막고 사지는 큰 돌로 눌러놓아 문드러져 따로따로 떨어졌다고 말했다. 다음 날 여인이 말한 곳을 찾으니 원한에 사무쳐 썩지도 않은 시신이 있었다. 이를 장사 치르고 범인을 잡아 벌하니 다시는 귀신이 나타나지 않았다.

신막정가귀

한양 남부 소공주동에 있는 신막정의 집에 사는 귀물.
대부분 집에 붙어 있는 귀물들은 사람을 해하지만,
이 귀물은 오히려 거주인을 '주인님'이라 칭하며 종노릇을 한다.
다만 시도 때도 없이 먹을 것을 달라고 하고 주지 않으면 화를 내거나
괴이한 짓을 한다. 모습은 괴상하게 생겼는데 머리가 두 개에 붉은색 눈이 네 개,
뿔이 길게 솟았으며, 입술이 축 늘어지고, 코가 오그라들었다.
다행히 인간의 눈에는 보이지 않는다.
다른 지박령들과 달리 외출도 하는데, 이를 퇴치하는 방법은
들쥐 고기를 구워주는 것. 다만 눈치채지 못하게 양념을 잘해서 줘야 할 듯하다.

분류 •	출몰 지역 •	출몰 시기 •	기록 문헌 •
귀물	한양 남부 소공주동	미상	《어우야담》

특징 •
신막정의 집에 머물며, 종노릇을 한다.

문헌

▌ 다음은 《어우야담》에 기록된 내용이다.

한양 남부 소공주동에 신막정의 집이 있는데, 그 집에는 늘 주인이 없고, 남에게 세를 주어 살도록 했다. 그 이유는 과거 집에 귀신이 있어 밤낮 가리지 않고 소리가 들려왔기 때문이다. 귀신의 소리는 인간과 같지만, 형체가 보이지 않았다. 집주인에게는 주인님이라고 하며 종노릇을 했는데, 먹을 것을 시도 때도 없이 달라 했고 주지 않으면 성을 내거나 괴이한 짓을 했다. 또 어느 날 주인 부부가 잠을 자는데 그 귀신이 침상 밑에서 웃고 있었다. 주인이 이러한 점들을 괴로워하다가 그 귀신의 모습을 벽에 그려볼 것을 청했다. 그러자 귀신이 벽에 자신을 그렸는데 그 모습이 괴이했다. 머리가 두 개, 눈이 네 개였으며 뿔이 우뚝 솟아 있고, 입술은 늘어지고, 코는 오그라들었으며, 눈이 붉었다. 주인은 이에 놀라 은밀히 도사를 찾아가 귀신을 제거할 방법을 물었다. 도사는 들쥐 고기를 구워주라 했고 이리했더니 귀신은 통곡하며 죽었다. 이후로 주인은 그 집에 살지 않고 다른 사람에게 세만 받고 살았다.

야광귀

‘야광이’, ‘야광신’, ‘양광이’ 등으로도 불리고,
생김새에 대해 정확히 묘사된 문헌은 없어 추측만 할 뿐이다.
야광귀는 신발을 훔쳐 가는 귀물인데 특히 어린아이의 신발을 즐겨 가져간다.
설날 밤중에 몰래 와서 자신의 발에 맞는 신을 신고 도망가는데,
야광귀에게 신을 뺏긴 아이는 그해에 재수가 없다.
사람의 운을 가져가기 때문이다.
야광귀는 숫자를 4까지밖에 세지 못한다. 하지만 자신이 수를 잘 센다고 생각하고,
이에 대한 이상한 승부욕을 가지고 있다. 야광귀를 막는 방법은 촘촘한 체나
키를 문밖에 걸어두고 신발을 숨기는 것이다.
그 체의 구멍을 세다가 아침이 밝아오면 도망간다.

분류 •	출몰 지역 •	출몰 시기 •	기록 문헌 •
귀물	전국 각지	시대 불문	《경도잡지》, 《세시기》 등

특징 •
아이의 신발을 가져간다. 숫자를 4까지만 셀 수 있다.

문헌

▌《경도잡지》에 야광귀에 대한 설명이 기록돼 있다.

> 야광이라는 이름의 귀신이 있다. 이 귀신은 밤에 민가에 들어와 신발 훔치기를 좋아한다. 신을 뺏긴 주인은 재수가 없다. 그래서 아이들은 신발을 방 안에 들이고 일찍 잠이 든다. 마루의 벽에 체를 걸어두면 야광이가 와서 그걸 세다가 날이 밝고 닭이 울어 도망간다.

▌《세시기》에는 퇴치 방법이 추가돼 있다. 바로 해 질 무렵 머리카락을 태우는 것. 또 야광귀를 '야유광'이라고 표기했는데 옆에 부수적으로 다음과 같이 기재했다.

> 야유광: 모귀(헛도깨비)를 이르는 말로 설날에 인근 민가로 내려가 신발을 훔친다. 신발을 잃은 사람은 재액이 있다.

어둑시니

어둠을 뜻하는 '어둑'과 귀신을 뜻하는 '시니'의 합성어로,
'어덕서니'라고도 불린다. '두억시니'와 이름이 비슷해 많이 헷갈린다.
다양한 지역에서 목격되며 숲길이나 좁은 길, 산중에서 나타나 사람을 해한다.
작은 체구의 어린아이로 등장하지만 눈길을 주면 크기가 점점 커지고,
커지면 올려다볼 수밖에 없는데 올려다보면 너무 커져 깔려 죽는다.
재미있는 것은 커질 때 어둑시니를 올려다보지 않고 발 쪽을 내려다보면
반대로 점점 작아지다가 사라진다. 결국 이 귀물은 모른 척하는 것이 상책이다.

분류 •	출몰 지역 •		출몰 시기 •	기록 문헌 •
귀물	경상남도, 제주도, 이북 지역		시대 불문	민간 설화
특징 •				
바라보거나 올려다보면 점점 커진다.				

문헌

▌ 어둑시니는 기록이 없는 귀물 중 하나로, 혹자는 고려 시대 때부터 알려졌다고 한다. 대부분은 입에서 입으로 구전됐으며 '어둑하다'라는 말이 경상남도와 제주도의 방언인 것으로 보아 그 지역에서 처음 목격된 것으로 보인다. 하지만 김중미 작가가 이북 출신 친할머니가 어둑시니 이야기를 해줬다는 《한겨레》 신문 칼럼을 보아 한반도 남부에만 출현했던 것은 아닌 듯하다.

바라보면 어둑시니가 커진다는 것은 관심이나 눈길을 먹어서 커지는 것이라기보다는 점점 귀신이 커진다는 공포감 때문인 것으로 추측된다. 항상 구전에서 깔려 죽는 사람이 나오는 것으로 보아 강한 악귀로 보인다.

역신

역병을 옮기는 귀물로, 주로 천연두를 옮기는 것으로 알려져 있다.
'마마손님'이라고도 불리는데 죽은 후 마마손님이 되면 질병을 뿌리고 다녀야 한다.
역신은 일종의 바이러스형 귀물인데, 하늘의 명을 받아 병을 옮긴다고 알려져 있다.
문헌을 보면 주로 친구가 죽어서 역신이 돼 두창(천연두)을 뿌린다는 이야기가 많다.
이는 역신이 하나의 신격화된 존재가 아닌
죽은 뒤 랜덤으로 영혼이 역신화된다는 이야기다.
역신을 물리치는 방법은 처용의 그림을 대문에 붙이거나
팥죽 등을 쑤어 먹어 예방하는 것이다.
이는 중국의 역귀가 팥을 싫어한다는 설화에서 비롯됐다.

분류 • 귀물	출몰 지역 • 전국 각지	출몰 시기 • 시대 불문	기록 문헌 • 《천예록》, 《삼국유사》, 《어우야담》 등
특징 • 역병을 뿌리고 다닌다. 신은 아니다.			

문헌

▌《삼국유사》에 처용과 관련된 역신 이야기가 등장한다. 처용의 아내는 인간으로 변한 역신과 잠자리를 갖는다. 이를 처용이 목격한 후 덤덤하게 춤을 추고 노래를 부르는데 이에 역신이 감화받아 앞으로 처용의 모습이 있는 곳에는 가지 않겠다고 했다. 후에 사람들은 처용의 그림을 그려 대문에 붙여두었다고 한다.

▌《천예록》에 기록된 내용을 정리하면 다음과 같다.

김 모 선비가 영남에 갔다가 조령에서 많은 아이를 거느리고 가는 죽은 친구를 보았다. 친구는 자신이 죽은 후 마마손님이 돼 병을 옮기고 다닌다 했다. 김 모 선비가 이를 지나쳐 안동에 다다랐는데 사방에 두창(천연두) 걸린 사람이 넘쳐났다. 이에 선비가 친구에게 제문을 읽고 간곡히 병을 낫게 해주길 원했다. 원래 친구는 마을 사람들이 죄가 깊어 죽이려 했지만, 선비의 간곡한 부탁으로 마음을 돌리게 된다.

염매

어린아이를 귀물로 만든 것이다. 만드는 방법이 매우 사악한데,
일단 아이를 납치하여 먹이지 않고 굶긴다. 이때 죽지 않고 겨우 버티도록
먹을 것을 아주 조금씩 준다. 배고픔이 극에 달한 아이는 뼈만 앙상하여
죽기 직전까지 달하는데, 이때 죽통을 만들어 안에 맛있는 음식을
넣어두면 아이는 배고픔 때문에 죽통에 들어가려고 애쓰게 된다.
이때 아이를 단칼에 죽이고 아이의 영혼이 죽통에 머무를 때
뚜껑을 닫아 가둔다. 염매를 제작한 술사는 이 죽통을 부자들에게 가져가
좋은 음식이 있는 곳에 푼다. 그러면 근방의 사람들이 병드는데 많은 돈을 받은 후
죽통에 다시 아이를 담아 이득을 취한다.

분류 • 귀물	출몰 지역 • 전국 각지	출몰 시기 • 시대 불문	기록 문헌 • 《성호사설》
특징 • 굶긴 아이의 영혼으로 만든 귀물로, 술사가 이득을 챙긴다.			

문헌

▌《성호사설》 5권에 기록된 염매에 대한 내용이다.

　　우리나라에는 염매라는 괴이한 것이 있다. 남의 집 어린아이를 납치해 굶기면서 죽지 않을 정도로만 먹인다. 때로 맛있는 음식을 조금씩 주는데 이러다 보면 아이는 살이 빠지고 거의 죽기 직전까지 이른다. 이 정도에 이르면 아이는 먹을 것을 보면 무작정 먹으려고 하는데 이때 죽통에다가 맛있는 음식을 넣어둔다. 아이는 음식을 먹으려 발버둥 치며 들어가려 하는데, 그 순간 아이를 예리한 칼로 단칼에 죽인다. 아이의 혼이 나가기 전에 뚜껑을 닫으면 아이의 혼이 죽통에 갇히게 된다.

　　이 죽통을 들고 술사는 부잣집을 돌아다니며 좋은 음식으로 아이를 유인해 여러 사람을 병들게 한다. 이 아이의 귀신이 깃들면 머리와 배가 아프게 되는데, 병자들이 낫게 해달라 하면 아이를 다시 죽통에 담아 병을 치료한다. 그 대가로 많은 곡식과 돈을 취하는 것이다.

외각귀

외다리 귀물로, 늘 삿갓을 쓰고 도롱이를 입고 있다.
주로 날이 흐리고 비가 오는 날에 잘 나타난다.
눈이 횃불처럼 빛나는 것으로 보아 사립괴와 동류로 추정된다.
다리가 하나여서 통통 뛰어서 이동하는데, 그 움직임이 바람처럼 빠르다.
또 높이 뛰는 것도 남달라 일반 주택의 지붕 정도는 단번에 오를 수 있다.
외각귀는 병을 옮기기 위해 나타나는데, 외각귀가 머무르는 집에는 늘
병자가 생긴다. 하지만 기가 세거나 어느 정도 도력, 영력이 있다면 물리칠 수 있다.
의외로 외각귀는 자신을 무서워하지 않고 뚫어지게 보는 이들을 싫어하며
그들이 근처에 오면 오히려 멀리 도망을 친다.

분류 • 귀물	출몰 지역 • 서울	출몰 시기 • 조선 후기	기록 문헌 • 《청구야담》
특징 • 삿갓과 도롱이를 쓴 외다리 귀물로, 병을 옮긴다.			

문헌

▮《청구야담》에 다소 무서운 외다리 귀물이 등장하는데 그 기록은 다음
과 같다.

　　　숙종 때 영의정이었던 이유는 관리들과 함께 순라골을 지나고 있
었다. 갑자기 날이 흐리고 안개가 많았는데 삿갓과 도롱이를 착용한
외다리 남자가 나타났다. 그의 눈은 횃불처럼 밝게 빛이 났는데 껑충
껑충 뛰어서 다가왔다. 그리고 같이 동행하는 관리에게 "혹시 가마를
보지 못했소?"라고 물어보는 것이었다. 관리가 모른다고 하자 남자는
뛰어서 사라졌는데 그 빠르기가 바람 같았다. 후에 계동 어귀에서 이
유는 가마를 만났다. 혹시 찜찜한 생각에 가마를 따라가니 한 집에 다
다랐다. 그곳은 이유의 먼 친척뻘의 집이었는데 며느리가 병을 앓고
있었다. 사정을 듣고 며느리 방에 들어가니 아까 보았던 삿갓을 쓴 남
자가 며느리 위에 쭈그리고 앉아 있었다. 이유가 그를 계속 쳐다보자
그는 마당으로 도망갔으며 그를 따라가니 점점 도망가 집 밖으로 사
라져버렸다. 그가 사라지자 며느리의 병은 사라졌다.

자유로귀신

2004년경 인터넷에서 시작된 도시 전설 속 귀물.
키가 크고 머리가 길며 눈이 뚫려 있고 지나가는 차를 히치하이크 하려고 한다.
대부분 어둠 속에서 마주해 선글라스를 꼈다고 착각하지만 실제로는
눈두덩이가 파여 있다고. 너무 많은 사람의 입담을 타서 실제 모 방송국에서
퇴마사를 영입해 접신을 시도하기도 했다. 접신을 통해 자유로귀신이 나타나는 곳
인근에서 여성이 살해된 것을 밝혀내기도 했지만, 이 역시 믿거나 말거나다.
자유로를 지나다 자유로귀신을 보고 태워주기 위해 자동차 속도를 줄이면
문을 확 젖혀 승차한다고 하니 유의해야 한다.
지금도 인터넷에는 자유로귀신 목격담이 쏠쏠히 올라오고 있다.

분류 • 귀물	출몰 지역 • 서울 자유로	출몰 시기 • 2000년대 초반	기록 문헌 • 도시 전설
특징 • 키가 크다. 지나가는 차를 멈추려 한다.			

문헌

▌ 도시 전설 속에서 자유로귀신은 거의 스타급 인지도를 가진다. 일반인이 아닌 유명 연예인들의 입으로도 여러 번 언급이 됐기 때문이다. 가장 먼저 언급한 희극인 박희진 씨의 이야기는 다음과 같다.

새벽에 몸이 너무 피곤한 상태에서 자유로를 달리고 있었어요. 집에 가려고 자유로를 쭉 달리고 있는데, 저쪽 앞에서 굉장히 키가 큰 여자가 머리를 모델처럼 쫙 붙인 거예요. (중략) 그렇게 서 있는데 손을 히치하이킹 하는 것처럼 하고 있어요. '차가 고장이 나서 세우려고 하나 보다' 싶어서 제가 매니저에게 "조금 속도를 줄여봐, 누가 차 세우는 것 같아" 하며 천천히 달리는데 밤에 자기 얼굴 절반만 한 선글라스를 쓰고 있는 거예요. 까만 선글라스를. 이상해서 근처에 가 얼굴을 봤는데 선글라스가 아니라 얼굴이 뻥 뚫려 있었어요.

장화홍련

《장화홍련전》이라는 작자 미상, 연대 미상 소설에 등장하는 귀물로,
소설은 실화를 바탕으로 제작됐다는 설이 유력하다.
장화와 홍련 두 귀물을 한꺼번에 일컫는 이름으로,
장화와 홍련은 자매 사이며 장화가 홍련보다 두 살 언니다.
장화와 홍련 자매는 둘 다 우물에 빠져 죽었기에, 우물을 매개체로 사람들에게
주로 곡소리를 내며 나타나 자신의 원한을 표출한다.
혹은 자신의 원한을 풀어줄 이에게 현몽(죽은 사람이 꿈에 나타남)하거나
직접 나타나 원한을 풀어주기를 간청하는데
그 모습이 너무 슬프고 처연하다고.
기가 약한 사람이 그 모습을 보면 무서워 까무러질 정도다.

분류 • 귀물	출몰 지역 • 평안북도 철산군	출몰 시기 • 조선 중기	기록 문헌 • 《장화홍련전》, 《가재사실록》
특징 • 억울한 죽음에 대한 원한을 가지고 있다.			

문헌

▮《장화홍련전》의 줄거리는 다음과 같다.

　　장화와 홍련은 철산 좌수 배무룡의 딸이다. 홍련이 다섯 살 되던 해에 홍련의 모는 사망하고, 좌수는 허 씨와 재혼하게 된다. 허 씨는 재혼 후 장화와 홍련을 좌수가 보지 않을 때 괴롭힌다. 장화의 정혼을 앞두고, 혼수로 재물이 축나는 게 아까운 허 씨는 계략을 꾸민다. 바로 큰 쥐를 잡아 털을 뽑고 장화 이불 밑에 넣어두는 것. 그러고서 장화를 우물 안에 빠뜨려 죽인다. 장화는 혼전에 부정을 저질러 낙태하고 자살한 것으로 오인받고 이를 따라 홍련도 자살한다. 그 후 우물에서는 항상 곡소리가 났다. 장화와 홍련의 혼령은 너무나도 억울해 부사에게 가서 억울함을 토로했지만, 부사는 놀라서 듣지도 못한 채 사망했고 매번 새로 오는 부사들도 놀라서 사망하기 일쑤였다. 어느 날 새로 온 정동우라는 부사가 놀라지 아니하고 둘의 사연을 듣고 허 씨를 능지처참하고 비를 세웠더니 더 이상 나타나지 않았다.

저승사자

죽은 사람의 영을 명부로 데려가는 일종의 저승 공무원이다.
주로 검은 옷, 검은 갓을 쓴 것으로 생각하지만 이는 시간이 지나 변화한 복식으로,
원래 저승사자는 갑옷을 입은 군병의 모습에 가깝다.
저승사자의 얼굴은 백지장처럼 하얗고 입술은 검어 망자에게 공포심을 준다.
저승사자가 이름을 세 번 부르면 사체에서 혼이 나오고 그 혼을 저승으로 데려간다.
예부터 사람이 죽으면 사잣밥을 차리곤 했다. 밥 세 그릇, 술 석 잔,
백지 한 권, 명태 세 마리, 짚신 세 켤레, 동전 몇 닢을 채반 위에 얹어 초를 켜고
문밖에 두는 것이다. 이는 저승사자에게 잘 보이면 죽은 이가 편하게
명부로 갈 거라는 믿음 때문이다.

분류 • 귀물	출몰 지역 • 전국 각지	출몰 시기 • 시대 불문	기록 문헌 • 《어우야담》, 《삼국유사》 외 민간 설화
특징 • 망자를 명부로 데려간다. 일 처리가 미숙할 때가 많다.			

문헌

▌《삼국유사》 5권에 망덕사의 스님 선율이 《육백반야경》을 만들려 했는데 이를 이루지 못하고 저승사자에게 끌려가는 모습이 기록돼 있다.

▌원불교 교리서인 《정산종사법어》를 보면 저승 3차사가 인간세계에 있는 망자들을 데려온다고 알려져 있다. 저승 3차사는 일직사자와 월직사자, 강남사자인데, 일직사자(강림도령)가 가장 포악하다고 한다.

▌《어우야담》에 실린 내용은 다음과 같다.

　　순창군수 고경명이 역질에 걸려 사망했는데 저승사자가 와서 데리고 관부로 향했다. 그곳의 관인이 사람을 잘못 데려왔다고 되돌려 보냈고 결국 사자는 고경명을 데리고 다시 관아로 돌아간다. 이때 제사를 지내던 무당이 "우리 성주님이 오셨다"라고 말했으며 고경명이 눈을 뜨고 몸을 일으켰다.

지귀

상사병의 열망이 만들어낸 귀물.
'지귀'는 신라 선덕여왕 때 경주 활리역에서 거주하던 젊은이의 이름이다.
그는 선덕여왕을 연모하다 그 애정 때문에 몸이 활활 타버려 불의 화신이 됐다.
지금으로 보면 이 현상은 인체 발화 현상으로 볼 수 있는데,
이러한 화속성 에너지가 귀물이 되는 데 영향을 끼친 듯하다.
지귀가 나타나는 곳에 늘 화재가 발생해서 민간에서는 이를 무척 두려워했다.
문헌에 따르면 지귀의 화력은 건물을 모두 태우고
온 거리를 불바다로 만들 정도로 대단했다고 한다.
지귀를 막는 방법은 여왕의 주문을 대문에 붙이는 것이다.
사랑이 활활 타오른다는 말이 은유가 아닐 수 있다는 것을 일깨워 주는 귀물이다.

분류 •	출몰 지역 •	출몰 시기 •	기록 문헌 •
귀물	경주 인근	삼국 시대	《삼국유사》,《대동운부군옥》

특징 •
자신을 포함하여 보이는 모든 것을 태운다.

문헌

▌《대동운부군옥》에 지귀에 대한 이야기가 상세히 기록돼 있다.

지귀는 선덕여왕 때 활리역에 살던 젊은이로, 우연히 서라벌에
나왔다가 여왕을 보고 한눈에 사모하게 된다. 하루는 영묘사를 향해
가는 선덕여왕 행차를 지귀가 가로막아 자신의 마음을 전했고, 선덕
여왕은 고마움을 느껴 일을 마치고 지귀를 만나기로 했다. 하지만 지
귀는 기다리다가 긴장이 풀렸는지 잠들었고 일을 마친 선덕여왕은
그런 지귀가 안쓰러워 깨우지 않고 가슴 위에 자신의 팔찌를 올려두
었다. 후에 일어난 지귀는 기쁨과 아쉬움이 교차했는데 그 감정이 활
활 타올라 자신을 태워버렸고, 불귀신이 돼 거리와 건물 모든 것을
태우기에 이르렀다. 이에 선덕여왕은 백성들에게 이를 막을 주문을
전달했고 이를 대문에 붙이자 찾아오지 않았다고 한다. 주문은 이러
하다.

"지귀는 마음에 불이 일어 몸을 태우고 화신이 됐네. 푸른 바다 밖
멀리 흘러갔으니 보지도 말고 친하지도 말지어다."

지박령

이우혁의 소설 《퇴마록》에 자주 등장하는 귀물로,
특정 지역에 머무르면서 저승으로 떠나지 못하는 영을 말한다.
집, 우물 등에서 자주 목격되고 특별한 형태가 있는 것은 아니다.
주로 살아생전의 모습을 하는 경우가 많은데 목소리가 들리거나
흐릿하게 보일 때도 있다.
지박령은 사인, 생전 인품, 가족 관계 등에 따라 악귀가 되기도 하고 안 되기도 한다.
그래서 성격을 특정 짓기가 어렵다. 예를 들어 《어우야담》에 등장한
김우서의 부친 혼령은 집에 머무르며 자신의 자손을 도와준다.
지박령을 퇴치하는 방법은 원한을 풀어주거나 굿을 통해 성불시키는 것이다.

분류 •	출몰 지역 •	출몰 시기 •	기록 문헌 •
귀물	전국 각지	시대 불문	《어우야담》 외 민간 설화

특징 •
한 장소에 미련이 있어 떠나질 못한다.

문헌

▌《어우야담》에는 다음과 같은 선한 지박령의 이야기가 실려 있다.

병마절도사 김우서의 부친이 죽었는데 늘 집에 머무르며 길흉화
복을 목소리로 전했다. 하루는 혼령의 친구가 찾아와 별미인 웅어를
회쳐 올리자 보답으로 여종의 절도 사실을 알려주기도 했다. 아들인
김우서가 무과 시험에 응시할 때에도 "우서야, 주먹 하나만큼 올려
서 시위를 당겨라"라고 하니 과녁의 한가운데를 꿰뚫어 과거에 급제
했다.

▌《어우야담》에는 또 다른 지박령의 이야기도 실려 있는데, 문장가 최
인범이 과거에 급제하고 얼마 뒤 죽자 죽은 후에도 집을 돌아다녔다
는 이야기가 그것이다. 그는 죽은 후에도 항상 검은 도포를 입고 큰 나
막신을 끌며 종들을 부르고 다녔다 한다. 이 모습이 얼마나 생생했냐
면 집 안에 있는 모든 사람이 마치 그가 살아 있다고 느낄 정도였다고.

지위상

지위상(紙爲裳)은 '종이를 치마 삼다'라는 뜻의 한자어로,
실제 귀물의 이름은 아니다. 온라인상에서는 '고수여칠',
'고모귀' 등의 이름으로 알려져 있다.
이 귀물은 이름처럼 하체에 종이를 치마 삼아 입고 다니는데
상체는 투명하여 보이지 않는다. 치마 아래로 보이는 다리는 여위어
얇은 옻나무처럼 보이는데, 자세히 보면 살은 없고 뼈만 남아 있다.
상체가 없는 데 비해 식탐은 꽤 강한 편인데,
먹고 싶은 것을 먹지 못하면 매우 화내고 노한다.
수저나 젓가락으로 밥을 먹지 않으며 가만히 두면
자연스레 밥과 반찬이 조금씩 사라진다.
그래서 정확히 음식을 어떻게 먹는지는 알 수 없다.
퇴치하기 어려운 괴물 중에 하나다.

분류・	출몰 지역・	출몰 시기・	기록 문헌・
귀물	지역 미상	조선 시대	《용재총화》

특징・
식탐이 있고, 상체가 보이지 않는다.

문헌

▌ 다음은 《용재총화》에 소개된 지위상에 대한 기록이다.

　　사문이두라는 이가 호조정랑이 됐다. 어느 날 집 안에 귀물이 들어와 괴롭히는데 목소리를 들어보니 10년 전에 돌아가신 고모였다. 그 귀물은 집 안 작업을 일일이 지시하기도 했다. 게다가 아침저녁으로 식사를 바쳤는데 갑자기 먹고 싶은 게 생기면 모두 찾아다니며 자신의 말을 어기면 매우 노한 목소리를 냈다.

　　기이하게도 수저 잡는 모습과 밥을 드는 것은 볼 수 없었으나 자연스레 밥과 반찬이 줄어들었다. 허리 위로는 보이지 않았고 허리 아래로는 종이를 치마 삼아 입고 다녔다. 다리는 매우 여위어 얇은 옻나무 같아 보였는데 자세히 보니 살은 없고 뼈만 남아 있었다. 이를 기이하게 여겨 사람들이 묻기를 "왜 다리가 이렇습니까?" 하니 "죽은 지 오래된 지하 사람이라 이러하다"라고 말했다.

창귀

호랑이가 사람을 잡아먹으면 그 사람을 귀신으로 삼아 부릴 수 있다.
이를 '창귀'라 한다. 창귀는 호랑이의 앞잡이 역할을 해,
함정이나 덫을 미리 파악하고 못쓰게 만든다.
대개 호랑이는 세 마리의 창귀를 데리고 다니는데,
첫 번째 잡아먹은 사람은 '굴각(屈閣)'이 돼 겨드랑이에 붙어살고,
두 번째 잡아먹은 사람은 '이올(彛兀)'이 돼 광대뼈에 붙어살며,
세 번째 잡아먹은 사람은 '육혼'이 돼 턱에 붙어산다.
이 창귀들은 서로 친하지 않아 자주 의견 충돌을 일으킨다.
창귀는 신 것을 좋아해서 매화 열매 등을 함정에 놓으면
호랑이를 그쪽으로 유인한다.
창귀는 물에 빠져 죽은 사람을 일컫는 단어로도 쓰인다.

분류 ·	출몰 지역 ·	출몰 시기 ·	기록 문헌 ·
귀물	전국 각지	시대 불문	《청장관전서》, 《열하일기》 등

특징 ·
호랑이 몸에 붙어 앞잡이를 한다.

문헌

▌《열하일기》 중 〈관내정사〉 편에 기록된 내용이다.

범이 처음 사람을 먹으면 굴각이라는 창귀가 된다. 굴각은 범의
겨드랑이에 붙어살며, 범을 남의 집 부엌으로 인도한다. 굴각이 솥 바
깥쪽을 핥으면 집주인은 밥 생각이 나 밥을 짓게 된다. 두 번 사람을
먹으면 이올이라는 창귀가 된다. 이올은 범의 광대에 붙어살며, 늘 높
은 데에 올라가 사냥꾼의 동태를 살핀다. 만일 함정이나 땅에 묻힌 덫,
화살이 있다면 그것을 망가뜨려 놓는다. 세 번 사람을 먹으면 육혼이
라는 창귀가 된다. 육혼은 범의 턱에 붙어살며, 평소에 친했던 지인들
을 불러 꾀어낸다.

▌《청장관전서》에는 창귀를 이용해 호랑이 잡는 법이 기록돼 있다.

호창(창귀)은 신 것을 좋아하므로, 덫에 매화 열매를 두면 호랑이
를 그곳으로 인도한다.

콩콩콩귀신

머리로 콩콩콩 뛰어다니며 자신을 죽인 사람을 찾는 귀신으로,
잘 알려진 도시 괴담 중 하나다. 머리로 뛰어다니기 때문에 항상
머리 부분에 피가 눌어붙어 있다고. 원래 이 귀신은 전교 1등을 할 정도로
머리가 좋은 여학생인데, 2등에게 학교 옥상에서 떠밀려져 죽은 뒤 귀신이 됐다.
자신이 죽은 학교를 돌아다니니 지박령이라고 할 수도 있지만,
원한이 있으니 원귀에도 속한다.
주로 하는 말은 "여기엔 없네"와 "여기에 있네". 다른 말은 하지 않는다.
자신을 죽인 사람에게 복수해야 사라지는데,
미디어나 귀신 이야기에서 많이 등장하는 스타급 귀물이기도 하다.

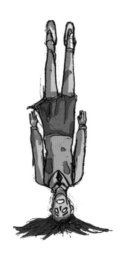

분류 • 귀물	출몰 지역 • 미상	출몰 시기 • 현대	기록 문헌 • 도시 전설
특징 • 머리로 콩콩 뛰어다닌다. 자신을 해친 사람을 찾는다.			

문헌

▌다음은 어디서나 공통적으로 들을 수 있는 도시 전설의 내용이다.

한 고등학교에 전교 1등만 하는 아이와 전교 2등만 하는 아이가 있었다. 2등만 하는 아이는 항상 자신의 역량 이상으로 노력해도 1등을 따라잡을 수 없었다. 스트레스가 극심했던 2등은 결국 옥상으로 1등을 불러내어 몰래 옥상 밑으로 떠밀었다. 머리부터 떨어져 죽은 1등은 그 사인이 자살로 처리되고, 그 후 2등이 1등을 차지한다.

하루는 2등이 밤에 혼자 공부하고 있을 때다. 어디선가 "콩콩콩", "드르륵", "여기엔 없네" 하는 소리가 들렸다. 이 소리는 반복됐고, 2등은 몰래 책상 밑으로 숨었다. 결국 2등이 있는 교실에서 "콩콩콩" 소리가 들렸고, 문을 여는 소리가 들렸다. "여기도 없네"라는 소리가 들려 아이는 안도의 숨을 쉬며 책상 밑에서 나왔다. 그러자 죽은 전교 1등이 머리에 피가 맺힌 채 바로 앞에 거꾸로 매달려 있었다. "여기에 있네" 하며.

태자귀

세 살 미만의 어린아이 귀신으로,
휘파람 소리와 함께 나타나며 자연스레 승천하는 존재다.
'탱자귀' 등으로도 불리며, 무당에게 태자귀가 들리면 이를 '명도'라고 칭한다.
명도가 실리면 무당은 손짓, 발짓, 휘파람 등으로만 소통하며
가끔 울음소리를 내기도 한다. 비슷한 것으로는 '새타니'가 있으며
제주도 설화에 등장하는 어미에게 버림받은 아이가 변한 원귀다.
태자귀가 붙은 무당은 용하다는 속설이 있다.
그래서인지 온라인상에는 태자귀를 만드는 괴상한 방법이 떠도는데,
아이를 굶어 죽인 후 아이의 혼을 특정 매개체에 담는 것이 그것이다.
역겨우니 굳이 찾아보지 않는 것이 좋을 듯하다.

분류 •	출몰 지역 •	출몰 시기 •	기록 문헌 •
귀물	전국 각지	시대 불문	《용재총화》, 《성호사설》 외 민간 설화

특징 •
길흉화복을 잘 맞추나, 어린아이처럼 변덕이 심하다.

문헌

▌《성호사설》 제5권 〈만물문〉에는 다음과 같이 기록돼 있다.

태자귀는 소아귀로, 어린아이가 죽으면 혼백이 다른 사람에게 붙어 요사스러운 말을 한다. 인간의 길흉, 지방 사정 등을 물어보면 빠짐없이 일러준다. 태자귀의 이름은 진태자(晉太子) 신생(申生)의 이름에서 유래된 듯하다. 태자귀는 혼백이 의지할 곳이 없어 사방을 떠돌다가 아우 누구, 아들 누구라고 이름을 부른다. 이에 대답하면 이름이 붙는 것이다.

▌《용재총화》 3권에 등장하는 태자귀는 사람의 마음을 가지고 논다.

장님 장득운이라는 자가 점을 잘 쳐 명경수(점 치는 책)가 있다는 소문이 돌았다. 태자귀가 붙은 무당에게 안효례가 물어 명경수를 찾으려 했고 무당은 그 위치를 상세히 알려준다. 하지만 실제로 가니 없었고 이를 태자귀에게 물으니 "네가 항상 거짓으로 사람을 속이니 나도 그래 보았다"라고 했다.

팔척귀

팔척귀신은 일본 도시 전설에 등장하는 귀물로,
키가 8척이다(1척이 약 30.3cm로 8척이면 2m 40cm 정도).
팔다리가 길어 성큼성큼 걸어 다니고, 입으로 "포포포포" 하는 소리를 낸다.
이는 일본 요괴의 특징인데 한국에도 비슷한 귀물이 있다.
한국의 팔척귀는 일본 요괴처럼 8~9척의 장신으로, 다리가 길고 몸이 꼿꼿하여
마치 나무와 같다. 재미있는 점은 혼자서 장시간 서 있기 어려운지,
작은 귀물들을 함께 데리고 다니며
왼쪽과 오른쪽에 배치해서 서로 의지하여 버틴다는 것이다.
승정원에서 발견됐으며 인간에게 크게 해를 끼치지는 않는 듯하다.

분류 • 귀물	출몰 지역 • 승정원	출몰 시기 • 조선 중기	기록 문헌 • 《어우야담》
특징 • 작은 귀물을 데리고 다닌다.			

문헌

▌《어우야담》에 기록된 팔척귀는 조선 중기 승정원에서 목격됐다.

한 승지가 창문을 열고 숙직하던 도중 괴상한 귀물이 나타났는데 8~9척 되는, 다리가 기다란 귀물이었다. 이 귀물은 몸을 나무처럼 세워 서 있었고 작은 귀신들이 오른쪽에 하나, 왼쪽에 하나 서서 셋이 서로 의지하며 서 있었다. 승지는 놀랐으나 아무 말도 하지 않고 가만히 지켜보았다.

두어 식경(밥 한 그릇 비우는 시간이 1식경)이 지난 후, 작은 귀물들이 큰 귀물을 둘러싸고 대여섯 바퀴를 빙빙 돌았다. 이에 큰 귀물이 사라지고 작은 귀물들도 뒤따라 사라졌다. 승지가 따라가 보았으나 이미 어디로 갔는지 알 수 없는 뒤였다.

이외에 팔척귀가 등장한 문헌은 찾기 어렵다. 혹자는 도깨비의 한 종류가 아니냐고 추측하기도 한다.

혼쥐

사람의 영혼이 변한 하얀 생쥐. 사람이 잠을 자면 영혼이 생쥐로 변하여
콧구멍에서 나온다. 이 쥐는 **빨빨거리면서** 다양한 경험을 하는데,
쥐가 다시 사람 몸에 들어가면 그 기억이 꿈이 된다.
대부분 한 마리만 나오지만 두 마리, 세 마리가 나올 때도 있다.
특히 도둑은 세 마리의 혼쥐를 가지고 있는데, 그중 한 마리를 죽이면
도둑질이 고쳐진다는 이야기도 있다. 즉, 혼쥐는 혼뿐 아니라 그 사람의 기억,
성격 등을 내포하는 것이다. 옛 구전에 잠자는 아이 얼굴에 수염을 그리거나
낙서하면 혼쥐가 다시 찾아오지 못하거나
다른 데로 들어가 영영 깨지 못한다는 이야기도 있다.

분류 • 귀물	출몰 지역 • 전국 각지	출몰 시기 • 시대 불문	기록 문헌 • 민간 설화
특징 • 혼이 생쥐로 변한 것으로, 생쥐의 기억이 바로 꿈이다.			

문헌

■ 대부분 구전으로만 전해지는 혼쥐 설화는 다음과 같다.

가난한 집의 한 여인이 시집을 왔다. 비가 오는 날, 남편은 잠을 자고 아내는 바느질을 하고 있었다. 그런데 갑자기 남편의 콧구멍에서 하얀 생쥐가 튀어나오는 것이었다. 아내는 이를 가만히 지켜보며 뒤를 밟기 시작했다. 그리고 쥐가 물웅덩이를 넘을 때는 자를 대서 길을 만들어주기도 했다. 쥐는 마지막으로 들판에 갔는데 땅을 파다가 포기하고 다시 남편의 코로 들어갔다. 남편이 잠에서 깨서 꿈 이야기를 했는데 자신이 선녀의 도움으로 험로를 건넜으며 들판에서 보물을 찾다가 힘이 부족해 포기했다고 말했다. 아내는 남편과 같이 그 들판을 찾아가 땅을 파보았더니 보물이 있었다.

도둑의 코에서 세 마리의 혼쥐가 나왔는데 그중에 하나를 죽이니 겁이 많아져 도둑질을 그만하게 됐다는 이야기도 있다.

홍콩할매귀신

1980년대 말부터 1990년대 초까지 유행했던 도시 전설 귀물 중 하나로
반은 고양이, 반은 할머니의 모습을 하고 있다.
100m를 10초 내에 주파할 정도로 몸놀림이 빠르고, 수 미터를 한 번에 뛸 수 있다.
이는 고양이의 특성이 육체 능력으로 나타난 것으로 보인다.
주로 아이들을 공격하는데 손톱을 보여달라고 하면 구부리고 보여줘야 하고,
절대 집 주소를 알려줘서는 안 된다. 홍콩할매귀신에게서 벗어나려면
말끝에 "홍콩"이라는 말을 붙여야 하는데, 예를 들면 "밥 먹었니? 홍콩" 하는 식이다.
홍콩할매귀신은 지역마다 변형이 있어 세세한 내용은 다르다.

분류 • 귀물	출몰 지역 • 전국 각지	출몰 시기 • 1980년대 말~1990년대 초	기록 문헌 • 도시 전설
특징 • 반인반묘의 괴물로, 하교하는 아이들을 해친다.			

문헌

▌ 도시 전설로 전해져서, 기록된 문헌은 따로 없다. 그래서 세세한 내용
은 다른데, 탄생 비화는 모두 비슷하다. 한 할머니가 홍콩에 갈 일이 생
겼는데 고양이를 혼자 두고 가는 것이 매우 마음에 걸렸다. 그래서 할
머니는 고양이를 몰래 비행기에 태워 데려가기로 한다. 하지만 홍콩
행 비행기가 추락하여 타고 있던 고양이의 영혼과 할머니의 영혼이
합쳐져 반인반묘 귀신이 됐다. 이후 한국에 나타나 하교하는 아이들
을 공격하며 죽이기도 했다.

▌ 홍콩할매귀신은 악당이나 무서운 귀신으로 MBC 뉴스데스크에도 등
장한 바 있다. 심형래의 영화《영구와 홍콩할매귀신》을 보면 개그맨
엄용수 씨가 홍콩할매귀신으로 등장한다.

物

사물이란 괴상한 물체로, 여기서는 상식적으로 이해되지 않거나 신비한 능력을 지닌 사물들을 모아 소개했다. 또 이외에 신비한 현상들에 대해서도 함께 수록했다. 이들은 괴물, 귀물과 달리 혼백이 존재하지 않는 기이한 물체다.

3 ◈ 사물

좌측의 큰 아이콘은 '사물'을 의미하며, 여기서는 하위 사물을 구분하지 않았다.

경귀석

여주와 원주 사이 '우만'이라는 강에 숨어 있는 자수정으로,
귀신을 물리치는 돌이다. 길이가 두어 촌(약6.06cm),
폭은 한 촌(약3.03cm) 정도다. 강 변두리가 아닌 강 안쪽에 있으며,
얼핏 보면 수십 개가 있는데 이 중 진짜 경귀석은 두 개뿐으로
나머지는 그냥 자수정이다. 경귀석은 암컷과 수컷으로 나뉜다.
원래는 용왕의 책상에 위치했으나, 용왕이 없는 틈을 타 강가로 나왔다.
직접 움직인 건지 물에 떠내려온 것인지는 알 수 없다.
경귀석은 귀신이 문 앞에 오지 못하게 하는 강력한 효능을 발휘하는데
술에 유독 약하다. 그래서 술에 빠진 경귀석은 점점 그 신묘한 기운을 잃는다.

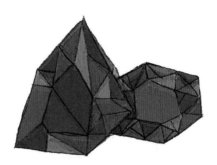

분류 • 사물	출몰 지역 • 우만강	출몰 시기 • 조선 초기	기록 문헌 • 《어우야담》
특징 • 귀신을 물리치나, 술에 약하다.			

문헌

▌ 원주에서 원사안의 가족에게 귀신이 등장하자 그의 선조가 나타나 이
를 물리치는 방법을 알려준 기록이《어우야담》에 남아 있다. 그 방법
이 바로 여주와 원주 사이에 있는 우만이라는 강에서 자수정을 가져
오는 것. 선조는 그곳에 길이가 두어 촌, 폭이 한 촌쯤 되는 자수정 수
십 개가 있는데 이를 모두 가져오라 했다. 처음에 가져가니 모두 경귀
석이 아니었다. 원사안이 다시 가서 자수정 수십 개를 가져오는데, 이
중 하나가 바로 경귀석이다.

선조는 경귀석이 용왕 책상에 있던 돌로, 용왕이 놀러 간 사이에 호수
로 나온 것이라 했다. 원사안이 가져온 것은 암컷이며 수컷은 또 올 것
을 피해 이미 멀리 도망을 쳤다는 것. 이 돌은 귀신을 물리치는 돌이니
몸에서 떼지 말아야 한다고 했고, 그 돌을 차고 있는 동안은 정말 귀신
이 오지 않았다. 하지만 벽에 잘못 걸어두었다가 술독에 빠졌는데 그
이후로는 효과가 없는 경우도 많았다.

괴목로·괴목비

귀문혈(귀신이 드나드는 문이 있는 곳)에 위치한
목로(나무로 깎아 만든 남자 종)와 목비(나무로 깎아 만든 여자 종).
목로에는 사람처럼 수염이 나며, 목비에는 기다란 머리털이 난다.
물건에 귀력이 들어갔기 때문으로 추정된다. 머리털은 꽤 길게 나는 편인데
서너 촌(약 9.09~12.12cm) 정도다. 머리털을 뽑아보면 사람과 별다를 게 없고,
모근이 하얗게 붙어 있는 것을 볼 수 있다. 즉, 자라고 있는 진짜 모발이라는 것.
물건에 귀신이 들린 것으로 귀불과 비슷하게 볼 수 있으나 괴목로,
괴목비는 신통력이나 영험함을 보여주지 못한다.
흔히 공포 영화에 등장하는 머리털 나는 인형 정도로 생각하면 될 듯하다.

분류 • 사물	출몰 지역 • 귀문혈 부근	출몰 시기 • 조선 초기	기록 문헌 • 《어우야담》
특징 • 목로, 목비에 머리카락과 수염이 자란다.			

문헌

▌《어우야담》에 기록된 내용은 다음과 같다.

대원군 윤효전이 상지인(지형의 기세를 보는 사람) 박상의에게 부친의 묏자리를 봐달라고 했다. 박상의가 말하길 "귀문혈에 있는 광중(시체를 놓는 무덤 구덩이)에 괴기가 있으니 옮기는 것이 좋겠습니다. 그리하지 않으면 큰일이 닥칩니다"라고 했다.

그리하여 광중을 열어보니 그 안의 목로에는 수염이 나 있고 목비에는 머리털이 나 있었다. 길이는 서너 촌 정도인데 바람에 하늘거렸다. 이를 기이하게 여겨 머리털을 하나 뽑아 보니 모근이 모두 하얗게 붙어 있어 마치 진짜 인간의 것과 같았다.

괴우

직역하면 괴상한 비. 하늘에서 빗방울이 아닌 흙, 물고기, 꽃,
쇳가루가 떨어지는 것을 말한다. 기루나 오색운은 인물의 기운이나
사건의 징조를 바탕으로 발생하지만, 괴우는 어떤 연유로 생기는지 알 수 없다.
문헌에서도 생뚱맞게 어느 날 갑자기 내리기 때문이다.
괴우는 잠깐 내리기도 하고 하루 종일 내리기도 하는데,
그 양 또한 천차만별이다. 때로는 괴우가 내릴 때 날이 어두워진다.
그러면 낮도 깜깜한 밤과 같아진다.
주로 괴우가 내리는 시기는 여름에서 초가을까지다.
우리나라 이외의 다른 국가에서도 목격된다. 영국, 프랑스,
미국 등 내리는 장소나 떨어지는 물건도 가지각색이라고 한다.

6

분류 • 사물	출몰 지역 • 전국 각지	출몰 시기 • 시대 불문	기록 문헌 • 《삼국사기》
특징 • 빗방울 대신 꽃, 흙, 쇳가루 등이 떨어진다.			

문헌

▌《삼국사기》에는 백제 구수왕 9년 6월 웅진에서, 신라 내물 이사금 18년 5월 서울에서 물고기 비가 내렸다는 기록이 있다.

▌《삼국사기》에 기록된 꽃비는 신라 선덕왕 7년 9월이다. 이때 기록으로는 노란색 꽃들이 비처럼 내렸다고 한다.

▌《삼국사기》에는 고구려 보장왕 15년 5월 쇳가루가 비처럼 떨어졌다고 기록돼 있다.

▌《삼국사기》에는 백제 무왕 7년 3월 서울에 흙비가 내리고, 낮인데도 어두워졌다고 기록돼 있다. 또 백제 근구수왕 5년 4월에 흙비가 하루 종일 내린 기록이 있다.

귀불

귀신이나 도깨비가 붙은 불상으로, 주로 대형 불상에 붙어 있다.
불상에 귀신이 붙는다니 의아할 일이지만 결국 불상도 사람이 만든 물건이다.
즉, 오래된 물건에 생기는 도깨비나 오가다 정착하는 귀신이 붙을 수 있는 것이다.
불상이 귀불이 되면 일부러 영험함을 보여줘 사람들의 신망을 산다.
비가 내리게 해주거나 병을 낫게 해주고 자식을 잉태하게 해주기도 한다.
이는 불상이 가진 신묘함과 귀신의 특성이 합치돼 생긴 요력으로 추정된다.
하지만 이를 믿고 계속 신봉하면 중들이 갑자기 죽어 나가는 일이 생긴다.
결국 귀불의 목적은 중의 영혼들인 셈. 귀불을 없애려면 불상을 끌어내려
태워야 하는데 끌어내리려 하면 꼼짝도 하지 않고, 태우면 노린내가 난다.

분류 • 사물	출몰 지역 • 경기 양주시 천보산	출몰 시기 • 고려 말기	기록 문헌 • 《어우야담》
특징 • 불상 안에 붙어 영험함을 보여주고 영혼을 갈취한다.			

문헌

▌《어우야담》에 고려 말기 나옹선사가 귀신이 붙은 불상을 소각한 기록
이 있다. 그 내용은 다음과 같다.

　　나옹은 고려 말의 신승이다. 어느 날 길을 가다 한 시주승이 자신
의 절로 갑작스레 인도했다. 나옹은 앞장서라 했는데, 그 승이 물을
건너면서도 옷자락이 젖지 않는 것을 보고 귀신임을 알아챘다. 나옹
이 절에 도착하자 그 승은 사라졌고 나옹선사는 바로 사람들을 모아
동아줄을 준비시켰다. 그리고 대불전에 올라 장육불을 끌어내라 했
다. 절에 있는 스님들은 비도 내려주고 병도 낫게 해주는 영험한 불상
이라며 이를 거부했지만, 나옹은 크게 꾸짖으며 끌어내리도록 했다.
100명의 스님이 끌어당겼지만, 불상이 움직이지 않았다. 그러자 나
옹이 올라가 한 손으로 밀어 불상을 넘어뜨렸다. 후에 불상을 태웠는
데 기분 나쁜 노린내가 가득했다. 그 후 불상을 새로 세웠는데 요환이
끊이지 않자, 다시 태우고 세 번째 불상을 세우니 이런 일이 사라졌다.

기루

기이한 눈물로, 주로 불상이나 그림에 발생한다.
나라에 안 좋은 일이 일어날 때 그림, 조각의 눈에서 흐르며 피눈물의 형태로
나타나기도 한다. 사건의 강도에 따라 양이 많아지거나 적어지기도 한다.
이는 불길한 일을 미리 경고하는 것으로,
귀신이나 영이 붙은 귀불, 괴목로, 괴목비와 다르다.
다른 나라에서도 종교 상징물이 피눈물을 흘리는 경우가 간혹 목격된다.
이러한 기루의 발생 원인은 아직 미스터리이지만 신물을 통해
하늘에서 메시지를 전한 것이 아닌가 싶다.

분류 • 사물	출몰 지역 • 김수로왕의 묘향	출몰 시기 • 삼국 시대	기록 문헌 • 《삼국유사》
특징 • 불상이나 영정, 초상화 등에서 흐르는 눈물.			

문헌

▌《삼국유사》2권에 기록된 기이한 눈물의 내용은 다음과 같다.

　　신라 말, 충지 잡간이 금관성을 쳐서 성주가 됐다. 이에 영규 아간
이 장군의 위세를 빌려 김수로왕의 묘향(역대 임금과 왕비를 모시는 제사)
을 뺏어 함부로 제사를 지냈다. 그러던 중 단옷날, 사당 대들보에 깔려
영규가 죽었다. 충지는 무늬 있는 비단 세 자에 성왕(김수로왕)의 그림
을 그려 벽상에 봉안하고 제사를 지냈다. 그러길 3일째 되던 날 영정
그림에서 피눈물이 흘러 바닥에 고였는데 거의 한 말에 가까웠다. 이
에 크게 놀라 그림을 불살랐다.

▌《삼국유사》3권에는 황룡사 장륙존상에서 눈물이 흘렀다는 기록이
있다. 그 눈물의 양이 발꿈치까지 흘러 무려 땅을 한 자나 적실 정도였
다고. 이 기루는 왕이 사망할 것을 미리 경고한 것이었다.

기석종

기이한 석종. 돌로 만들어졌지만 한번 울리면 맑은소리가 멀리까지 간다.
인간이 제작한 것은 아닌 듯하며 산 깊은 곳이나 들판에 묻혀 있다.
신라 흥덕왕 때 손순이 너무나 가난한 나머지 먹는 입을 하나라도 줄여
어머니를 봉양하기 위해 아들을 산 채로 묻으려 했다.
그렇게 취산의 땅을 파던 중 기석종을 발견한다. 기석종은 주로 효를 위해
자녀를 땅에 묻으려 하면 발견되는데, 종이 아닌 솥이나 다른 쇠붙이의 형상으로
등장하기도 한다. 일례로 과거 후한의 곽거가 아이를 땅에 묻으려 하자
금 솥을 내려주었다는 이야기가 있다.

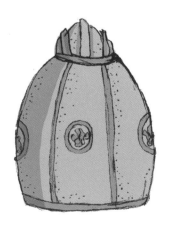

분류 • 사물	출몰 지역 • 경주 모량리	출몰 시기 • 삼국 시대	기록 문헌 • 《삼국유사》
특징 • 기이한 석종으로 아름다운 소리가 멀리까지 울려 퍼진다.			

문헌

▌《삼국유사》5권에 손순과 기이한 석종의 이야기가 실려 있다.

　　모량리에서 사는 손순은 아버지가 세상을 떠나자 아내와 함께 늙은 어머니를 봉양했다. 주로 남의 집 품팔이로 봉양했는데 어머니의 이름은 운오였다. 손순에게는 어린아이가 있었는데, 어머니의 집에 식량이 부족하고 먹을 것이 아이에게 가서 고민이 많았다. 손순은 "아이는 또 얻을 수 있으나 어머니는 또 구할 수 없소. 그러니 아이를 묻고 어머니를 배부르게 하십시다"라고 아내에게 말한다. 손순은 아이를 업고 취산 북쪽 들에 다다라 묻을 땅을 파기 시작하는데, 이상한 석종이 묻혀 있었다. 이를 나무에 걸어 울려보니 은은하고 아름다운 소리가 울려 퍼졌다. 이에 손순은 아이 묻는 것을 포기하고 석종을 지고 산을 내려온다. 이 종소리는 흥덕왕의 귀에도 들어갔는데 왕은 손순의 효심을 갸륵히 여겨 매년 벼 50섬을 내려주었다. 손순은 옛집을 희사해 절로 삼고 홍효사라 불렀으며 이 종을 설치했다.

기학우

기이한 학의 깃털로, 이 깃털을 눈에 대면 검은 마음을 가진 인간들이
모두 짐승으로 보인다. 이렇게 한번 보고 나면 인간과 짐승의 구분에 대해
고민하게 돼 육식을 하기 어렵다. 이처럼 성스러운 기운을 가진 기이한 학은 주로
성중(부처의 제자)이나 성인의 화신일 때가 많고,
깃털은 성중의 옷이나 가사(승려의 법의)에 사용된 베다.
깃털을 잃은 성중은 사라진 깃털 만큼 비거나 찢어진 가사를 입고 다녀야 한다.
그래서 깃털을 주운 사람에게 찾아가 돌려달라고 하는데,
강제로 뺏지는 않지만 성중의 성스러움에 매료돼 자신도 모르게 바치게 된다.

분류 • 사물	출몰 지역 • 충청남도 공주	출몰 시기 • 삼국 시대	기록 문헌 • 《삼국유사》
특징 • 기이한 학이 흘린 깃털로, 나쁜 이들을 구별한다.			

문헌

▋《삼국유사》3권에 기학우에 대한 기록이 있다.

공주에 사는 신효거사는 어머니의 봉양에 지극정성을 다했다. 하지만 어머니는 고기가 없으면 밥을 먹지 않아 거사는 매일 산을 다니며 고기를 구했다. 어느 날 학 다섯 마리를 발견하여 활로 쏘았는데, 그 학이 깃털을 흘리고 날아갔다. 신효거사는 그 깃털을 주워 눈에 가져다 댔는데 마을 사람들이 모두 짐승으로 보이는 것이다. 결국 이를 보고 신효거사는 자신의 넓적다리 살을 잘라 어머니께 드렸다. (중략) 하루는 다섯 명의 승려가 찾아와 신효거사에게 가져간 가사를 되돌려달라고 했다. 신효거사가 어리둥절해 하자 승려가 깃털을 이야기했고 이를 건네받았는데 승려의 찢어진 가사 부분에 딱 맞았다. 신효거사는 후에 작별하고 나서야 그 승려들이 다섯 성중의 화신임을 알아챘다.

만파식적

귀수산에서 나는 대나무를 가공하여 만든 피리.
이 대나무는 낮에는 둘이 됐다가 밤에는 하나로 합쳐진다.
피리를 불면 평화로워진다고 알려져 있다.
평화로워진다는 의미가 모호하지만 가뭄이 들 때, 장마가 질 때, 적군이 몰려올 때,
역병이나 전염병이 돌 때, 바람이 심하게 불어 어선이 출발하지 못할 때 등에
불면 이러한 문제들이 모두 해결됐다고 한다.
월성 천존고에 처음 보관됐다고 기록돼 있는데 추후 원성왕 때에
일본 사신이 황금 1,000냥과 바꾸자고 제안하기도 했다.
마지막 보관 기록은 왕이 집무를 보는 공간인 내황전에 뒀다는 것이다.

분류 •	출몰 지역 •	출몰 시기 •	기록 문헌 •
사물	월성 천존고	삼국 시대	《삼국유사》

특징 •
귀수산의 대나무로 만든 피리로, 불면 평화로워진다.

문헌

▌《삼국유사》2권에 만파식적의 이야기가 기록돼 있다.

다음 날 오시에 (귀수산의) 대나무가 합쳐져 하나가 되고 천지가 흔들렸다. 비바람이 몰아치고 일주일간 깜깜했다가 그달 16일이 되니 바람도 잦아지고 파도도 잠잠해졌다. 이에 왕이 배를 타고 그 산(귀수산)으로 입성했다. 이에 용이 검은 옥대(흑옥대)를 왕에게 바쳤다. 왕이 용을 맞이해 마주 앉아 물었다. "이 산의 대나무가 하나가 되고 둘이 되는 것은 무엇 때문인가?" 용이 대답하길 "손뼉도 마주쳐야 소리가 나는 법입니다. 이 대나무도 합쳐져야 소리를 낼 수 있습니다. 이는 왕께서 소리로 천하를 다스릴 징조입니다. 이 대나무를 가져가 피리를 만들어 부시면 천하에 평화가 가득할 것입니다." (중략) 왕이 궐에 도달해 피리를 월성 천존고에 보관했다. 피리를 불면 적군이 물러갔으며 병이 나았고 가뭄에는 비가 오고 장마에는 비가 그쳤다.

목면지

나무 가면 위에 생긴 버섯으로, 광주에서 목격됐다.
이 나무 가면은 가지고만 있어도 병이 나고 버리면 병이 낫는 기이한 물건이다.
가면을 들판이나 습기 찬 곳에 버리면 썩는데 그곳에서 버섯이 돋아난다.
이 버섯을 삶아서 먹으면 이상한 현상이 일어난다.
바로 먹은 사람이 미치광이처럼 웃으며 춤을 추는 것이다.
먹은 이의 말에 따르면 갑자기 흥이 나고 춤을 추고 싶은 마음이 샘솟는다고.
더불어 멈추고 싶어도 뜻대로 멈출 수 없다.
이를 종합하면 웃음 가스처럼 목면지 안에는
특별한 성분이나 저주 비슷한 것이 들어 있는 것으로 보인다.

분류 • 사물	출몰 지역 • 경기도 광주	출몰 시기 • 미상	기록 문헌 • 《청파극담》
특징 • 나무 가면 위에 생긴 버섯. 먹으면 웃음이 난다.			

문헌

▌《청파극담》에는 광주의 한 80세 노인이 버섯에 관해 이야기해주는 기괴한 기록이 있다. 그 내용은 다음과 같다.

어떤 사람이 가면을 매우 좋아했다. 하루는 그 집에 전염병이 돌았는데 한 무당이 나무 가면이 그 이유라고 했다. 이에 즉시 가면을 들판에 버렸더니 병이 도는 것이 멈췄다. 몇 개월이 지나 가족 중 하나가 밭에 떨어진 가면을 발견했는데 반 정도는 썩고 버섯이 돋아 있었다. 이를 따서 삶아 먹으니 먹은 사람은 갑자기 일어나 웃고 춤을 췄다. 한 명이 그러하여 우연이려니 했지만, 다음 사람도 똑같은 행동을 했다. 잠시 후 그러한 행동을 멈추기에 물어봤다. 그러자 "먹고 나니 흥이 나서 멈출 수가 없었다. 그만두려 해도 그만둘 수 없었다"라고 했다.

봉귀함

귀신이 봉해진 상자. 사람을 해하는 귀신이 나타나면
영력이나 신력 높은 이들이 귀신을 상자에 봉하기도 한다.
귀신을 가두면 상자 안에서 신음 소리가 들리거나 상자 자체가 팔딱팔딱 뛴다.
이럴 때는 상자에 돌을 묶어 강에 던지거나 묻는 것이 상책.
당연히 상자를 열면 귀신이 나오니 절대로 열지 말아야 한다.
상자가 아닌 소나무함이나 단지, 병에 가두기도 하는데
이럴 때는 위쪽에 재와 진흙을 섞어 만든 잿떡을 발라 막아야 한다.
그런 다음 두 가닥으로 꼬아 만든 새끼로 병, 상자 등을 돌돌 감는다.

분류 • 사물	출몰 지역 • 전국 각지	출몰 시기 • 시대 불문	기록 문헌 • 《어우야담》, 귀신잡이 앉은굿

특징 •
상자 안에서 신음 소리가 들리거나 상자 자체가 팔딱팔딱 뛴다.

문헌

▌《어우야담》에는 귀신을 잡은 술사 황철의 이야기가 등장한다. 황철은 길가에서 귀신과 사람을 분간할 만큼 영력이 높은 술사인데 부적과 주문에도 능하다. 이러한 황철이 귀신을 상자에 봉한 적이 있다. 상자에 귀신을 봉하자 괴로운 신음 소리와 함께 저절로 상자가 팔딱팔딱 뛰었다고. 황철은 이 상자를 돌에 묶어 강에 버렸다고 한다.

▌지금은 전승이 단절된 귀신잡이 앉은굿은 이러한 귀신을 봉하는 굿이다. 주로 귀신잡이는 야간에 행하는데 신장대잡이, 삿대잡이, 경쟁이가 등장한다. 신장대잡이는 귀신을 찾아 잡는 사람, 삿대잡이는 그 귀신을 삿대에 실어내는 사람, 경쟁이는 이러한 굿 가운데 경을 외는 사람이다. 귀신이 삿대에 실리면 삿대가 빳빳해지는데 이때 창호지를 돌돌 말아 만든 납합이라는 귀신 알에 귀신을 옮긴다. 그 후 소나무통, 상자, 병 등의 귀신통 안에 납합을 넣고, 잿떡으로 구멍을 막으면 봉인된다.

부처의 사리

선덕왕 17년, 자장법사가 부처의 머리뼈와 사리 100개, 어금니,
부처가 입던 붉은 비단에 금색 점이 있는 가사 한 벌을 우리나라로 들여왔다.
이때 가져온 부처의 사리를 세 군데에 나눠 보관했는데 그곳이 바로 황룡사 탑,
태화사 탑, 통도사의 계단(계를 받는 단)이다. 나머지 어금니와 머리뼈,
가사는 어디에 보관했는지 알 수 없다.
부처의 사리는 보는 사람에 따라 구렁이나 두꺼비로 보이거나
아예 보이지 않기도 한다. 자장법사가 들여온 사리 중 기록으로 남아 있는 것은
총 4개로, 나머지 96개의 행방은 알 수 없다. 진신사리(부처의 사리) 외에 함께 있던
변신사리(같이 넣는 광석, 구슬 등의 대용품)는 이상한 향을 내기도 한다.

분류 • 사물	출몰 지역 • 황룡사, 태화사, 통도사	출몰 시기 • 삼국 시대	기록 문헌 • 《삼국유사》
특징 • 부처의 사리로, 구렁이나 두꺼비처럼 보이기도 한다.			

문헌

▌《삼국유사》3권에 기록된 부처의 사리에 대한 내용이다.

　　선덕왕 17년 자장법사가 부처의 머리뼈와 어금니, 부처의 사리 100개와 붉은 비단에 금색 점이 있는 부처의 가사 한 벌을 가져왔다. 사리 100개는 셋으로 나눠 보관했는데 그곳은 황룡사 탑, 태화사 탑, 통도사의 계단이다. 나머지는 어디에 두었는지 알 수 없다. 계단은 2층으로 돼 있는데 가운데 돌 뚜껑을 올려두었다.

이후 고려에서 두 안렴사가 찾아와 계단 돌 뚜껑을 열었는데 사리가 구렁이나 두꺼비로 변하여 나오기도 했고, 보는 이에 따라 보이거나 보이지 않기도 하여 기이함을 자아낸다. 이후 사리의 행방에 대해서는 정확히 알 수 없다.

비적

보물 맷돌이라는 뜻으로, 생김새는 일반 맷돌과 똑같다.
마치 도깨비방망이 같은 존재로, 맷돌을 갈면서 주문을 외우면 곡식,
소금 무엇이든 나온다. 다만 쌀, 소금, 설탕 등 알갱이가 작아
맷돌로 갈 수 있는 것이어야 한다.
맷돌이 갈아내는 양은 무한하며, 원할 때까지 나온다.
단, 멈추기 위해서는 주문을 기억해야 한다.
원래는 임금님의 물건이었으나 한 도둑이 비적으로 배 위에서
소금을 만들다가 바다로 가라앉았다. 멈추는 주문을 잊어버려
배가 가라앉을 정도로 소금이 만들어졌기 때문이다.
아직도 비적은 바닷속에 있으며 계속 소금을 만드는 중이다.

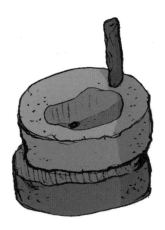

분류 • 사물	출몰 지역 • 미상	출몰 시기 • 미상	기록 문헌 • 《조선민담집》
특징 • 맷돌을 갈아 원하는 것을 만들어낸다.			

문헌

▌《조선민담집》에 기록된 비적의 모습은 다음과 같다.

아주 먼 옛날, 한 나라의 임금은 신비한 맷돌을 가지고 있었다. 그 맷돌은 나라의 보물이었는데 원하는 것은 무엇이든 갈아서 만들어낼 수 있었다. 즉, 맷돌 손잡이를 잡고 돌리면 어떤 것이든 나왔다.

한 도둑은 이 맷돌이 탐이 나서 훔쳤고 아무도 쫓아오지 못하도록 바다로 도망친다. 쪽배를 타고 바다 가운데로 간 도둑은 시험 삼아 맷돌로 무언가를 만들어보기로 한다. 그는 무엇을 만들면 부자가 될까 고민하다가 귀한 소금을 만들기로 한다. 그가 맷돌을 돌리며 "소금아 나와라" 하니 소금이 쏟아져 나왔다. 소금이 점점 차올랐으나 도둑은 맷돌을 멈추는 주문을 잊어버려 멈출 수가 없었다. 결국 무거운 배는 가라앉았고 도둑은 사망했다. 아직도 맷돌은 바닷속에서 소금을 만들어내고 있으며 그 때문에 바닷물이 짜다고 한다.

사각

신석산이라는 서울의 천인이 구하여 중국의 관인에게 되판
뱀의 뿔이다. 길이는 몇 치 정도인데,
주로 모래 속에서 많이 발견되고 흙 속에서 반짝반짝 빛이 난다.
생김새가 뿔 같지 않고 기이하고 아름다워
보석이나 기석으로 착각하는 일도 허다하다. 하지만 사람들은 생김새보다
신묘한 능력 때문에 가지고 싶어 하는데, 그 능력은 바로 아들을 잉태하게 하는 것.
하지만 이는 반드시 한 쌍, 즉 두 개를 가져야 그 능력이 발휘된다.
부르는 게 값이며 백만금 이상의 값어치가 있다고도 알려져 있다.
당연히 구하기는 쉽지 않고, 주로 중국 등지에서 발견된다.

분류 •	출몰 지역 •	출몰 시기 •	기록 문헌 •
사물	요동 인근	미상	《어우야담》

특징 •
기묘한 빛을 낸다. 한 쌍을 소지하면 아들을 낳을 수 있다.

문헌

▌《어우야담》에 기록된 뱀의 뿔에 대한 내용은 다음과 같다.

신석산이라는 사내는 서울의 천인이었다. 그가 연경에 가게 됐는데 중간에 요동쯤 도달했을 때였다. 깜깜한 밤에 대변이 급해 아무도 없는 밖에서 몰래 일을 보는데 발밑에 이상한 기운이 느껴졌다. 그가 모래를 뒤집어 보니 반짝이는 무언가가 있었다. 자세히 보니 그것은 뿔처럼 생겼으며 몇 치 정도의 기이한 물건이었다. 그는 그것을 잘 간직했다가 조선의 사신이 머무는 옥하관에 매달아뒀다. 한 중국 관인이 그것을 보고 자신에게 팔라고 했으나 신석산은 백만금 이상은 줘야 판다고 했고 결국 실랑이를 하다가 십만 금에 판매한다. 관인에게 왜 구매했는지 묻자 "그것은 뱀의 뿔이오. 황후께서 아들이 없어 수소문해보니 뱀의 뿔 한 쌍을 차고 다니는 것이 비방이라 했소. 한 개는 대궐에서 얻었으나 나머지 하나를 구하지 못했는데. 백만금을 걸어도 판다는 이가 없었소. 이제야 구하는구려."

성대

성스러운 허리띠로, 신라의 황룡사 장륙존상과 황룡사 9층 목탑과 함께
3대 보물 중 하나다. 두 보물이 건물과 조각인 데 반해
성대는 몸에 착용하는 액세서리다. 성대를 보거나 들은 사람은 없으며
황룡사의 스님들을 통해 구전으로 알려져 있다.
성대는 '보대'라고도 불리며 진평대왕이 즐겨 착용했다.
금과 옥으로 장식돼 있으며 굉장히 길어 매기가 쉽지 않다.
여러 대를 거쳐 황룡사 남쪽 창고에 보관했다고 하지만
창고에서도 쉽게 찾을 수 없었는데, 이는 눈에 보이지 않기 때문이다.
성대를 보려면 길일을 택해 지극정성으로 제사를 지내야 한다.

분류 • 사물	출몰 지역 • 황룡사 남쪽 창고	출몰 시기 • 삼국 시대	기록 문헌 • 《삼국사기》
특징 • 성스러운 허리띠. 보통은 눈에 잘 띄지 않는다.			

문헌

▌《삼국사기》12권에는 성대의 이야기가 기록돼 있다.

경명왕 5년 봄, 김율이 임금에게 고하길 "제가 작년 고려에 갔을 때 고려왕이 제게 '신라에는 세 가지 보물이 있다고 들었다. 하나는 장륙존상, 또 하나는 9층 목탑 그리고 성대인데 성대는 아직도 존재하는가'라고 물었는데 그에 대답하지 못했습니다"라고 했다.

이에 임금이 신하들을 불러 성대가 어떠한 보물인지 물었으나 아무도 대답하는 이가 없었다. 그러던 중 황룡사의 나이 아흔이 넘은 노승이 있었는데 그가 답했다. "제가 듣길 성대는 진평대왕 때부터 차던 것인데 여러 대를 거쳐 전해 내려오고 있습니다. 현재는 남쪽 창고에 있다고 들었습니다."

이 말을 들은 임금이 찾아보도록 했으나 보이질 않았는데 길일을 택하여 제사를 지낸 뒤에 발견할 수 있었다. 성대는 옥과 금으로 이루어져 있었고 길이가 매우 길었다.

여의주

용이 가지고 있는 구슬로, 주로 용의 입안이나 턱 밑에 자리한다.
스스로 밝은 광채를 내는데 이 여의주가 있어야 용이 신묘한 힘을 낼 수 있다.
가끔 문헌에서 용이 여의주를 인간에게 건네주는데,
이는 용의 입장에서 엄청난 호의다. 용은 여의주를 대략 네다섯 개씩 지니고 있고,
크기는 주로 따오기 알만 하다.
여의주를 가지면 다양한 효과가 나타나는데 그중 하나가
타인에게 호감을 사는 것이다. 정확히 말하면 신뢰와 존경을 얻는데,
이는 여의주가 가진 용의 기운 때문이다.
여의주를 타인에게 주거나 잃어버리면
다시 그 존경과 신뢰가 사라지니 조심해야 한다.

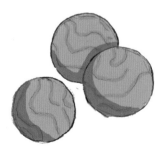

분류 • 사물	출몰 지역 • 전국 각지	출몰 시기 • 시대 불문	기록 문헌 • 《삼국유사》, 《운양집》, 《청장관전서》 등
특징 • 용이 가지고 있는 구슬.			

문헌

▌《삼국유사》 2권에 사미승 '묘정'이 우물 속 자라에게 매일 밥을 주다가 여의주를 받는 기록이 등장한다. 묘정은 이를 허리띠 끝에 달았는데 원성대왕이 그녀를 사랑하거나 타인의 신뢰와 존경을 받는 기이한 일이 일어난다. 하지만 당나라 황제에게 구슬을 빼앗긴 후 다시 원래대로 신뢰와 존경을 받지 못하는 사미승으로 되돌아갔다.

▌《운양집》에는 "여의주가 있어 밝은 빛을 끌어안고"라는 구절이 있으며, 《청장관전서》에는 "여의주가 없으면 용이 신묘한 힘을 낼 수 없다"고 기록돼 있다.

▌《신증동국여지승람》에는 경상도 오대사에 대한 이야기가 소개됐다. 오대사는 수정사라 불리기도 하는데, 이는 따오기 알만 한 여의주를 은으로 된 끈으로 묶어 보관하고 있기 때문이라고 한다.

오겹토실

다섯 겹으로 된 토실로, 이곳에 들어가면 오색의 천지 기운을 알아차리고
길흉화복을 점칠 수 있다. 토실은 흙집을 지은 후 남쪽을 터서 만든다.
그다음 한 겹을 추가로 짓는데 이번에는 모두 막고 북쪽을 튼다.
다시 한 겹을 지어 서쪽을 튼다. 이런 식으로 매번 다섯 면 중에 한 면씩만 터서
제작한다. 그래서 토실에 들어가면 밖의 상황을 알 수 없으며
밤낮의 분간도 불가능하다. 여기서 자지 않고 50일을 버티면 어둠 속에서도
낮에 보듯 사물을 볼 수 있고,
그 후 밖으로 나오면 영묘한 사람이 돼 있는 자신을 발견할 수 있다.

분류 • 사물	출몰 지역 • 연경	출몰 시기 • 조선 중기	기록 문헌 • 《어우야담》
특징 • 다섯 겹으로 된 토실로, 50일을 버티면 영묘해진다.			

문헌

▌《어우야담》에는 윤근수가 연경에 갔다가 기를 보는 사람을 만나 토실에 대해 듣는 이야기가 소개된다. 토실은 (앞서 소개한 것처럼) 다섯 겹을 만들되 한 면씩을 터서 제작하며, 제작한 후 안에 들어가면 밤낮이 구별되지 않도록 밀실처럼 만들어야 한다. 이 안에서 50일을 지내면 옷의 실오라기를 셀 수 있을 정도로 명료해지고 수백 리도 내다볼 수 있다고 한다. 또 길흉화복도 점칠 수 있다.

이재영은 연경에서 흙집 안에 한 도사가 있는 것을 발견했는데, 모든 벽을 막고 조그마한 구멍으로 식사만 하고 있었다. 흙집에서 3년을 지낸 후 나오면 후한 녹을 받는다고 했다. 이는 오겹토실의 개량형으로 추측된다.

박상의도 이 설계법을 배웠는데 네 겹으로 토실을 만들고 50일 후에 나왔다고 한다. 그는 사람의 상을 보고, 기를 살필 수 있었다고 한다.

오룡거

다섯 마리의 용이 끄는 마차. 천제의 태자 해모수가 타고 온 마차로
유명하며, 하늘에서 지상으로 행차할 때 사용하는 탈것이다.
천제와 자손들은 오룡거를 타고 오지만 그를 따르는 신하들은
흰 고니를 타고 함께 내려온다. 참고로 천제나 자손이 이동하면 그의 신하와
종자들 100여 명이 함께 따라다닌다.
오룡거를 타고 내려오면 오색구름이 함께 생기고 구름 사이에서
음악이 울려 퍼지는데 이는 천제나 그 자손의 행차가 가히 신성한 일이기 때문이다.
오룡거는 주로 풍운과 함께 이동하는데 원하는 지점까지 순식간에 이동할 수 있다.
문헌에 자주 등장하는 탈것은 아니다.

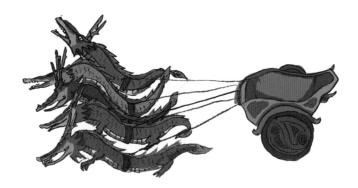

분류 • 사물	출몰 지역 • 북부여	출몰 시기 • 기원전 59년	기록 문헌 • 《삼국유사》, 《동문선》, 《세종지리지》 등
특징 • 다섯 마리의 용이 끄는 마차.			

문헌

▌ 다음은 《세종지리지》에 기록된 오룡거에 대한 내용이다.

해모수가 하늘로부터 내려오는데 오룡거를 타고, 그의 신하와 종
자 100여 명은 모두 백곡을 탔다. 이리하니 오색구름이 위에 뜨고 구
름 사이로 음악 소리가 흘러나왔다. (중략) 왕이 하늘을 가리키며 말하
자 오룡거가 하늘로부터 내려왔다. 왕이 여인과 함께 수레를 타니 풍
운이 거칠게 일며 순식간에 궁에 이르렀다.

▌ 《신증동국여지승람》 12권에도 오룡거에 대한 기록이 있다. 이 역시
오룡거의 생김새보다는 출몰 당시의 상황을 설명하고 있다.

오룡거를 타고 하늘을 오르락내리락하니 온갖 신이 인도하고 신
선이 뒤쫓았다.

옥액

남쪽 신선이 사는 섬 '안기도'에서 나는 약물로, 한 잔을 마시면
수명이 100년 늘어난다. 안기도가 어디에 있는 섬인지는 알려져 있지 않고,
이곳에 사는 신선들은 영생하는데 그 이유는 이 물을 자주 마시기 때문이다.
옥액은 섬에 있는 동굴에서 채집할 수 있는데 이 물이 생길 것 같은
벽에 구멍을 뚫으면 흘러나오고, 마시지 않을 때는 쇠막대기,
쇠못 등으로 구멍을 막아놓는다.
영험한 능력이 있는 물이니만큼 마시기 쉽지가 않은데 입에 넣으면
얼어붙을 것 같이 차가워 예민한 사람이라면 삼키는 것 자체가 곤혹스럽다.
색도 파르스름해 이 세상 물처럼 느껴지지 않는다.

분류 • 사물	출몰 지역 • 안기도	출몰 시기 • 미상	기록 문헌 • 《요재지이》
특징 • 한 잔만 마셔도 수명이 100년 늘어나는 약물.			

문헌

▌ 중국의 고서 《요재지이》에 기록된 안기도와 옥액에 대한 내용이다.

　　명나라의 사신 유홍훈은 조선 남쪽에 있는 신선들의 섬 안기도에 가게 된다. 안기도에 가려면 신선의 제자인 소장이라는 이가 궁에 도착해야 하는데 약 사흘을 기다리고서야 그를 만나 섬으로 갈 수 있었다. 섬에 도착하자 소장은 어느 동굴로 그를 안내했는데, 동굴 안에는 노인 셋이 바닥에 앉아 있었다. 유홍훈은 한 노인의 지시에 따라 바닥에 앉아 기다리니 어느 동자가 동굴 벽에서 쇠못을 뽑아냈다. 그러자 벽에서는 물이 쏟아져 나왔고 어느 정도 그릇에 차자 다시 못으로 구멍을 막았다. 그 물은 매우 파랗고 입안이 얼어버릴 정도로 차가웠는데 유홍훈은 고통스러워 마시기를 포기했다. 후에 다시 조선의 궁으로 복귀를 했는데 조선의 임금은 그 물은 옥액으로, 한 잔 마시면 수명이 100년 늘어나는 신약이라며 안타까워했다.

용국함

용국(용궁)으로 갈 수 있는 상자로, 이 상자를 향해 주문을 외우면
바다가 갈라지고 용국으로 향하는 길이 나타난다.
용국인들은 이 상자가 없어도 자연스럽게 용국을 오갈 수 있으나
인간은 반드시 이 상자가 있어야 용국을 찾을 수 있다.
단, 상자가 효력을 발휘하려면 반드시 주문을 외워야 한다
(주문의 내용은 알려지지 않았다). 주의할 점은 절대 열어보면 안 된다는 것.
여는 즉시 하얀 연기가 나면서 신묘한 힘이 날아가 평범한 상자로 변한다.
한국판 판도라 상자라고 할 수 있다. 재미있게도 이 용국함을 가지면
호기심에 열고 싶은 마음이 들고, 호기심을 주체하기 어려운 듯하다.

분류 • 사물	출몰 지역 • 바다 인근	출몰 시기 • 미상	기록 문헌 • 《조선민담집》
특징 • 용국에 갈 수 있는 상자. 열면 신묘한 힘이 사라진다.			

문헌

▌《조선 민담집》에 용왕의 딸과 용국함에 대한 이야기가 실려져 있는데 그 이야기를 정리하면 다음과 같다.

한 어부가 묵직한 잉어를 낚았다. 이 잉어는 신묘하게도 입을 뻐끔거리며 눈물을 흘렸고 이에 놀란 어부는 그 잉어를 풀어주었다. 다음 날 낯선 동자가 나타나 어부를 용국으로 데려가는데, 어부가 잡은 잉어가 알고 보니 용왕의 외동딸이었다. 용왕은 크게 기뻐하며 어부를 용국에 초대했고 외동딸과 결혼을 시켰는데 어부는 몇 개월 후 가족들이 보고 싶어 지상에 잠깐이라도 가고자 했다. 이에 아내(용왕의 외동딸)가 상자를 하나 주며 절대 열어보지 말 것을 당부했다. 단, 돌아올 때 상자를 향해 주문을 외우면 바다가 갈라지고 길이 나타난다고. 어부는 호기심을 이기지 못하고 도착하자마자 상자를 열어보았고 하얀 연기가 났으며 안에는 아무것도 들어 있지 않았다. 아무 가치 없는 상자가 된 것이다.

우두탈

경기도 과천 관사의 한 괴인이 만든 소머리를 닮은 탈로,
나무를 깎아 만들어 사람이 쓸 수 있도록 했다. 이 탈을 쓰고 소가죽을 덮으면
소로 변하는데, 아무리 말해도 듣는 이에게는 음메음메 소리만 들릴 뿐이다.
또 인간이 탈을 쓴 것이므로 일반 소보다 신체 능력이 떨어진다.
즉, 소의 체력이 아닌 사람의 체력을 가진 소라고 보는 것이 옳다.
다시 사람으로 돌아오려면 무를 먹으면 된다.
무를 먹으면 소머리가 저절로 떨어져 나가고 소가죽도 벗겨져,
발가벗은 사람의 모습으로 돌아온다.

분류 • 사물	출몰 지역 • 한강 남쪽 과천	출몰 시기 • 미상	기록 문헌 • 《어우야담》
특징 • 머리에 쓰면 소로 변하고, 무를 먹으면 다시 사람으로 돌아온다.			

문헌

▌《어우야담》에 다음과 같은 기록이 있다.

　　한강 남쪽 과천에 관사가 있다. 관사 뒤편으로 산에 오르는 길이 있는데 그곳을 여우고개라 한다. 한 과객이 여길 지나다가 작은 초가를 보았는데, 그 안에 한 노인이 소가죽 위에 앉아 나무를 깎고 있었다. 그것은 소 모양의 탈이었는데 이를 과객에게 써보기를 권했다. 과객이 발가벗고 소탈을 쓰고 소가죽을 뒤집어쓰자 한 마리의 큰 소가 됐다. 탈은 벗겨지지 않았다. 노인은 소를 외양간에 매어두었다가 시장으로 데려가 팔았다. 과객은 자신이 사람이라고 얘기했지만 듣는 이에겐 소 울음소리로 들렸다. 노인은 무를 먹으면 죽으니 조심하라 했고, 과객은 그 뒤로 무거운 짐을 지거나 밭을 갈거나 소의 일을 했다. 그러던 중 차라리 죽는 게 나을 듯해 광주리에 있는 무를 발로 차 땅에 떨어뜨려 몇 개를 주워 먹었다. 무를 먹으니 소는 사람으로 돌아왔고 여우고개로 다시 가보니 바위 위에 베 몇 필만 있을 뿐, 초가집이나 노인은 온데간데없었다.

은요불

은으로 된 일곱 개의 요상한 불상으로, 크기는 어린아이만 하다.
보물에 귀물이 붙은 것으로 '귀불'과 동류다. 흉가, 폐가 등에 묻혀 있는 보물이
오래돼 요사스러운 귀물이 붙거나 도깨비가 된 것으로 추측된다
(오래된 물건은 정령이 붙어 도깨비가 된다).
저녁이 되면 흰옷 입은 스님으로 변하여 회동하는데
그 수도 불상 수와 같은 일곱 명이다. 도깨비나 귀물치고는 사람을 무서워한다.
앞에서 크게 인기척을 하면 은요불은 뿔뿔이 흩어져 달아나는데,
이때 어디로 가는지 보면 원래 형상인 은 불상이 어디에 있는지 알 수 있다.

분류 • 사물	출몰 지역 • 서울	출몰 시기 • 조선 초기	기록 문헌 • 《어우야담》
특징 • 밤이면 은 불상이 스님으로 둔갑한다.			

문헌

▌《어우야담》에 김뉴라는 사람이 서울의 한 흉가를 사서 큰 재물을 얻
는 이야기가 나온다. 뉴는 귀신 나오는 집을 헐값에 사는데 그곳에서
혼자 잠을 청한다. 배리(따라다니는 관리)와 구졸(개인에게 딸린 사병)들을
밖에서 기다리라 하고 등불을 밝혔는데 한밤중에 갑자기 기척이 들리
기 시작했다. 김뉴가 살펴보니 흰옷 입은 스님 일곱 명이 문을 밀치고
들어왔다. 이에 김뉴가 인기척하며 기침 소리를 내자 일곱 명의 스님
모두 뿔뿔이 달아났다. 김뉴는 창으로 도망간 곳을 살펴봤는데 섬돌
위 대나무 숲이었다. 김뉴는 등불을 켜고 서리(하급관리)를 시켜 술을
데우며 아침이 되기를 기다렸다. 후에 날이 밝자 하인들과 함께 스님
이 도망간 곳을 찾아가 삽으로 대나무 숲을 파라고 지시했는데, 은으
로 된 불상 일곱 개가 나왔고 그 크기가 어린아이 같았다.

인면박

사람의 얼굴을 한 우박으로 괴우,
식인충와 함께 하늘에서 내리는 괴물체 중 하나다.
왜 우박에 사람의 얼굴이 새겨졌는지 알려지지 않았지만 실제로 보면
기괴함에 소름이 돋을 정도다. 인면박을 자세히 보면
사람의 눈, 코, 입이 모두 달려 있는데 우박마다 다른 얼굴을 하고 있다.
물론 크기는 크지 않고 생김새 또한 디테일하지 못하다.
인면박에 새겨진 얼굴이 죽은 영혼의 얼굴이라는 설,
하늘의 경고라는 설 등 다양한 추측이 있다.
인면박이 내린 다음에는 반드시 나라에 안 좋은 일이 일어난다.

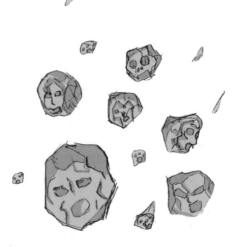

분류 • 사물	출몰 지역 • 평안북도 창성	출몰 시기 • 조선 중기	기록 문헌 • 《성호사설》
특징 • 인간의 얼굴을 닮은 우박이다.			

문헌

▌《성호사설》1권에 인면박에 대한 짧은 기록이 있다.

인조 병인년, 창성에 우박이 떨어졌다. 자세히 보니 우박에 사람 얼굴 같은 것이 있었는데 코와 눈이 모두 있었다. 그 후 정묘년에 나라에 난리가 있었다. 을해년에도 인면박이 내렸는데 다음 해인 병자년에 난리가 일어났다.

인육

사람의 고기. 사람의 고기를 먹는 이유는 다양한데,
부모나 남편의 병을 낫게 하기 위해 아들이나 부인이
자신의 넓적다리를 베어 먹인다. 그러면 놀랍게도 병이 낫는다고 한다.
또 기근이나 전란이 일어나면 먹을 것이 없어져 결국 죽은 사람까지 먹기도 한다.
마지막으로 반역을 시도하다가 실패한 역적의 오체를 잘라 여러 고을에
나눠 주기도 한다. 이때 생긴 인육을 이충원이라는 문안사(중국에 보내던 사신)가
먹었다는 기록도 있다. 아주 드물게 이유 없이 먹기도 하는데 흔한 일은 아니다.

분류 • 사물	출몰 지역 • 미상	출몰 시기 • 미상	기록 문헌 • 《어우야담》, 《조선왕조실록》 등
특징 • 사람의 고기다.			

문헌

▌《어우야담》에 반역죄로 죽은 송유진과 이몽학의 인육이 등장한다. 이는 여러 고을로 나눠 보내졌는데 서울에 있던 중국 장수가 이를 구워 먹었다고 한다. 게다가 문안사 이충원에게도 권해 어쩔 수 없이 먹어야 했다.

김종택과 그 처의 이야기도 있다. 김종택이 장에 병이 나자 그 처가 다리를 베어 삶아 먹였다. 다리의 살점이 없을 정도로 먹이자 차도가 생겨 회복됐다고 한다.

▌《조선왕조실록》 세종 29년 11월 15일에 전란과 기근을 못 이겨 사람의 고기를 먹는 자가 있었다는 기록이 있다. 또 세종 29년 11월 17일 기록에는 황해도 서흥군에서 인육을 구워 먹은 흔적을 발견한 기록이 있다. 머리와 다리까지 산속에서 구워 먹은 흔적이었다. 남의 무덤을 파서 먹고사는 선군 이우라는 자의 소행이었으며 굽다가 남은 고기는 모두 집에 보관했다.

자명고

스스로 울리는 북. 뿔피리(나팔)도 함께 있는데 이 또한 스스로 소리를 낸다.
이 둘을 '자명고와 뿔피리'라고도 한다. 이 신물들은 적이 들이닥칠 때 울리는데,
적병이 보이면 스스로 소리를 낸다.
고대 낙랑국에 있었으며 대무신왕 때 존재한 것으로 기록된다.
자명고를 가진 곳을 침략하기란 쉽지 않다. 이를 없애는 방법은 남모르게
잠입하여 북을 찢고 나팔의 입을 베는 것. 과거 고구려도 이러한 방법으로
낙랑국을 공격했고 결국 낙랑국은 멸망했다.
가끔 적이 오지 않아도 스스로 울렸다는 기록이 있는데,
왜 그런지는 알 수 없다.

분류 • 사물	출몰 지역 • 낙랑국, 신라	출몰 시기 • 삼국 시대	기록 문헌 • 《삼국사기》
특징 • 적이 오면 스스로 소리를 내어 알린다.			

문헌

▌《삼국사기》에 기록된 자명고의 내용은 다음과 같다.

　　　　대무신왕 15년, 왕자 호동이 옥저에 있을 때였다. 낙랑왕 최리가 호동을 보고 보통 사람이 아님을 알아채 자신의 딸과 혼인시켰다. 호동은 본국으로 돌아와 아내에게 사람을 보내 말하길 "네가 자명고와 뿔피리를 망가뜨리면 내가 예를 갖춰 너를 받길 것이고 그렇지 않으면 맞이하지 않겠다" 했다. 낙랑에는 적병이 오면 스스로 소리를 내는 북과 뿔피리가 있었는데 이를 낙랑공주에게 파괴하도록 시킨 것이다. 이에 공주는 북을 찢고 피리의 입을 망가뜨린 후 호동에게 전했고, 호동의 병사들은 성 밑까지 무사히 다다를 수 있었다. 낙랑왕은 화가 나 자신의 딸을 죽이고 항복했다.

▌《삼국사기》에는 신라 효소왕 8년 9월에 병기고에 있는 북과 뿔피리가 갑자기 저절로 소리를 냈다는 기록이 있다.

제웅

짚으로 만든 사람의 형상으로,
다양한 주술적 의미를 가진 도구다. '제용', '처용'이라고도 불리는데,
신라 시대에 역신을 상대한 처용에서 비롯된 이름이 아닐까 하는 추측도 있다.
제웅은 저주뿐 아니라 액막이(다가오는 재앙을 대신 막아주는 것)로도 사용됐는데,
제웅에게 액이 있을 사람의 옷을 입히고 태어난 연도의 간지를 적어
길에다 버리곤 했다. 여기까지는 일반적인 방법이지만 소설 《옹고집전》에 기록된
제웅은 조금 다르다. 제웅이 주술 행위를 한 후에 특정 인물과 똑같은 모습으로
바뀌었는데, 둔갑쥐처럼 진짜보다 더 진짜 같은 면모를 보였다.

분류 • 사물	출몰 지역 • 미상	출몰 시기 • 미상	기록 문헌 • 《옹고집전》
특징 • 타인을 저주할 때 사용되는 주술적 물건이다.			

문헌

▌《옹고집전》에 기록된 제웅은 인간으로 변한다. 내용을 정리하면 다음
과 같다.

　　옹정 옹연 옹진골 옹당촌이라는 곳에 옹고집이라는 자가 살고 있
었다. 옹고집은 구두쇠에 성격도 좋지 않아 가족들과 주변 사람들이
좋아하지 않는 인물이었다. 월출봉 비치암에는 도술이 뛰어난 도사
가 있었는데 이를 간파하고 학대사를 보내 옹고집에게 충고하고 오
기를 지시한다. 하지만 충고는커녕 맞고 돌아오자 도사는 옹고집을
혼내주기로 결심한다. 도사는 제웅을 만들어 부적을 써서 붙이니 옹
고집과 똑같이 생긴 사람이 만들어졌다. 그리고 가짜 옹고집이 진짜
옹고집의 집에 들어가 둘이 서로 진짜라며 싸우게 된다. 하지만 가짜
는 진짜보다 세간살이나 가족에 대한 정보를 많이 알아 진짜로 판결
나고, 진짜는 집을 나가 갖은 고초를 겪게 된다. 결국 뉘우친 옹고집은
도사의 도움을 받아 제웅을 없애고 새사람이 된다.

조승주

여의주와 많이 비교되는 보배로운 구슬. 그 광채가 멀리까지 비추는데,
여러 대의 수레 앞까지 비출 정도다. 여의주는 용의 턱 밑에서 만들어지는 반면
조승주는 주로 이무기 뱃속에서 발견된다. 이무기의 뱃속에는
수십에서 수백 개가량의 조승주가 있는데, 그 크기가 한 치
(손가락 한 마디 크기) 정도다(이무기의 뱃속에는 야광주나 옥돌 등도 들어 있다).
이무기의 수명이 오래될수록 만들어지는 구슬의 개수는 많아진다.
가격은 매우 비싼 편인데 열 자루가 수만금에 거래된 기록도 있다.
조승주, 여의주와 비슷한 것으로는 중국의 현려주가 있다.
현려주는 아름다운 옥구슬로, 양나라의 보물로 취급되기도 했다.

분류 • 사물	출몰 지역 • 이무기 뱃속	출몰 시기 • 미상	기록 문헌 • 《어우야담》
특징 • 스스로 광채가 나는 보배로운 구슬.			

문헌

▌《어우야담》에 죽은 이무기 뱃속에서 나온 조승주의 이야기가 기록돼
있다.

한 화포장(화포를 만드는 장인)이 이름 모를 섬에 남게 되는 일이 있
었다. 어느 날 새벽마다 이상한 소리가 들리고 섬이 들썩들썩해서 몰
래 숨어 살펴보니 이무기의 흔적이었다. 이무기의 굵기는 커다란 대
들보 정도였으며 길이는 몇백 자나 됐다. 화포장은 이무기가 지나간
길에 칼을 갈아서 줄지어 세워두었다. 칼자루는 땅 밑에 박아 보이지
않게 했다. 다음 날 그 자리를 다시 찾아가니 진주와 옥돌, 야광주 등
이 땅에 쏟아져 있었다. 며칠이 지나 화포장이 비린내와 썩은 냄새를
찾아 따라가 보니 이무기가 턱에서부터 꼬리까지 칼날에 찢어져 죽
어 있었다. 또 이무기의 뱃속에서 나온 한 치 크기의 조승주가 수풀에
가득 차 있었다. 후에 섬을 빠져 나와 조승주를 담은 꾸러미 열 개를
팔았는데, 그 값이 수만금이었다.

청적백병

이름 그대로 파란, 빨간, 하얀 물병이다. 각 물병에는 액체가 들어 있는데,
이 액체가 신비한 힘을 가지고 있다. 세 물병은 사람을 살리는 용도로 쓰이는데
색깔에 따라 능력이 다르다. 하얀 물병은 해골이나 뼈에 뿌리는 것인데
뿌리자마자 살이 돋아난다. 다만 너무 손상된 뼈에는 효력이 통하지 않는다.
빨간 물병은 하얀 물병을 쓴 다음에 쓰는 것으로 뿌리면
살 안에 혈액이 돈다. 마지막으로 파란 물병을 뿌리면
호흡이 들어가 숨을 쉴 수 있다. 이 병들은 소지하기 용이한 크기여서
한 사람 이상을 살리기는 어려워 보인다.

분류 • 사물	출몰 지역 • 미상	출몰 시기 • 미상	기록 문헌 • 《조선민담집》
특징 • 뼈에서 살이 돋게 하고, 혈액과 숨을 불어넣는다.			

문헌

▌《조선민담집》에 기록된 내용은 다음과 같다.

　　아름다운 처녀가 있었다. 그녀의 계모는 그 처녀를 괴롭히고 학대했다. 어느 겨울에는 그녀에게 산채를 캐오라고 시켰는데, 처녀는 산채를 구하지 못하고 집에 돌아가 혼날 것을 걱정하던 중 이상한 바위를 보았다. 바위를 밀어보니 넓은 들이 있었다. 그 안에는 초가집과 다양한 채소가 있었고, 한 젊은이가 나와 그녀의 이야기를 들은 후 채소를 캐 건네주었다. 그 후로 처녀는 바위 앞에서 "버들나무 잎이여 연이가 왔어요"라고 하면 늘 채소를 건네받을 수 있었다. 젊은이는 처녀에게 파랑, 빨강, 하얀색의 약병을 건네주었는데, 각 병을 뿌리면 살이 돋고 피가 돌며 호흡이 생긴다는 것을 일러주었다. 계모는 처녀의 뒤를 쫓아 몰래 찾아가 주문을 외웠고 들어가 젊은이를 죽이고 초가집과 함께 태워버렸다. 나중에 처녀는 방문해 이를 보고 충격을 받았으나 약병을 사용해 젊은이를 살려냈다.

초수

현재의 청주 지역에서 나는 약수로, 뜻을 풀이하면 '후추 맛이 나는 물'이다.
매우 차고 맛이 쓰다. 기본적으로 독성이 있어서 개구리나 뱀이 뛰어들면 죽는다.
하지만 신기하게도 인간의 아픈 부위에 이 물을 계속 바르면 회복된다.
즉, 약과 독의 상극적인 면을 동시에 가지고 있는 셈.
물의 쓴맛은 끓이면 사라지는데 이때 독도 함께 사라진다.
또 농사에 이 물을 사용하면 땅이 비옥해진다.
초수가 바위나 땅에서 솟아날 때는
군마가 뛰는 것 같은 우렁찬 소리가 들린다.

분류 • 사물	출몰 지역 • 청주	출몰 시기 • 미상	기록 문헌 • 《청파극담》
특징 • 독성과 약의 기운을 같이 가지고 있다.			

문헌

▌《청파극담》에 기록된 내용은 다음과 같다.

　　서원(현재의 청주 지역)에는 초수라는 물이 있다. 이 물은 땅속에서 솟아나는데 매우 차갑고 맛이 쓰다. 가끔 뱀이나 개구리가 빠지는 경우가 있는데 뛰어들면 곧 죽는다. 세종이 말년에 눈병이 있어 이 물로 매일 씻었는데 시간이 지나자 효력이 있었다. (중략) 들리는 말에 의하면 한 농부가 일을 하다 언덕 위에서 잠이 들었다가 군마가 지나가는 소리가 들려 눈을 떴다고 한다. 그리고 그 소리를 따라가니 평지에서 물이 솟아나오고 있었다. 발견하자마자 농부는 사또에게 달려가 이를 말했고 추후 사람들의 입에서 입으로 전해진다. 이 물을 불로 끓이면 쓴맛이 거의 사라지며 독도 없어지는데 간단한 병, 이를테면 가려움증 같은 피부병은 바르기만 하면 금세 나았다. 또 수십 경의 논에다가 이 초수를 대니 땅이 매우 비옥해졌다고 전해진다.

침내골

한자를 풀이하면 '베개 속의 해골'이라는 뜻으로,
원수나 복수하고 싶은 사람을 저주하는 주술이다.
베개에 해골을 넣으면 꿈에 귀신이 나타나 머리를 짓누른다.
이런 꿈이 매일 반복되면 스트레스와 공포감 때문에 거동조차 힘들어진다.
이 저주를 해결하는 방법은 매우 간단하다. 베개 속 두개골을 없애는 것이다.
하지만 대체로 저주받는 이들은 누군가 자신을 저주한다는 사실을
눈치채지 못한다(그러니까 저주를 받는 것일지도 모른다).
그래서 무당이나 승려에게 찾아가서 자문을 구해야
베개 속에 해골이 있다는 사실을 알아채곤 한다.

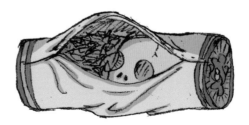

분류 • 사물	출몰 지역 • 전국 각지	출몰 시기 • 시대 불문	기록 문헌 • 《어우야담》
특징 • 베개 속 해골로, 누군가를 저주할 때 사용한다.			

문헌

❚ 《어우야담》에는 복수심에 불타 베개 속에 해골을 넣은 한 계집종에 대한 기록이 있다.

　　하루는 정순붕의 꿈에 한 귀신이 나타나 매일 같이 머리를 짓눌렀다. 이에 고통스러워 소리를 치며 깨기 일쑤였다. 한 번이 아니라 매일 이러한 꿈을 꾸었는데 이게 병이 돼 몸을 가누기가 힘들 정도였다. 부인이 이를 속상히 여겨 무당을 찾아가 물어보았는데 무당이 말하길 베개 안에 귀신이 들어 있다고 했다. 부인이 이 말을 듣고 집으로 돌아와 베개를 열어보니 베개 안에 두개골 하나가 들어 있었다. 부인은 남편 정순붕의 공헌으로 역적의 죄명을 쓰고 죽은 유인숙의 종을 의심했다(당시 정순붕의 공을 인정받아 유인숙 가의 노비들은 모두 정순붕의 재산으로 귀속됐다). 그 여자 종은 의심받은 즉시 자백하며 떳떳하게 자신의 옛 주인에 대한 복수라고 이야기했다.

환혼석

사람을 살릴 수 있는 돌로, 시신 위에 올려 소생시킬 수 있다.
원래 중국 서해의 유사 지역(중국 서방의 사막지대)에서 만들어지지만,
우리나라에서도 목격된 적이 있다.
돌은 푸른색으로, 스스로 밝게 빛나는 것이 특징이다.
가만히 살펴보면 구관조 눈처럼 볼록 튀어나온 자국이 있는데
이를 모래로 문지르거나 쪼개어 없애는 것은 바보 같은 일이다.
이것이 바로 환혼석의 정기를 보관하는 부분이기 때문이다.
그래서 이 눈이 사라지면 환혼석의 신령한 힘도 사라진다.
환혼석은 천 금을 웃돌 정도로 매우 비싼 가격에 거래되는 보물이나,
눈이 사라지면 십 금 정도에 거래된다.

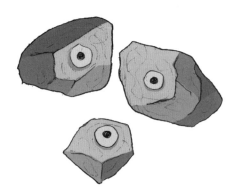

분류 • 사물	출몰 지역 • 아산현 마을, 중국 서해 유사 지역		출몰 시기 • 미상	기록 문헌 • 《어우야담》
특징 • 품속에 넣어두면 죽은 사람을 소생시킨다.				

문헌

▌《어우야담》에 다음과 같은 이야기가 있다.

아산현 마을의 한 나무에 학이 둥지를 틀고 있었다. 마을 아이가 그 학 알을 가지고 놀다가 깼는데 살펴보니 깃털이 나 있는 새끼 학이 들어 있었다. 노인이 꾸짖으며 새끼 학을 둥지에 가져다 놨으나 이미 죽은 뒤였다. 학 부부는 새끼가 죽은 줄 알고 매일 슬피 울다 갑자기 한 마리가 둥지를 떠났다. 사나흘 뒤에 돌아왔는데 시간이 지나자 죽은 새끼가 살아나 울기 시작했다. 마을 노인이 기이하게 여겨 이를 보니 밝게 빛나는 푸른 돌이 둥지 안에 있었다. 노인은 이를 가져와 상자에 넣었다. 어느 날 마을 노인의 아들이 연경에 가게 됐는데 이 돌을 자랑했다. 한 중국 상인이 이를 천 금에 팔라고 하며 돈을 가지러 자리를 비웠다. 노인의 아들은 더러워진 부분을 닦기 위해 모래와 물로 돌을 닦았는데 구관조 눈처럼 볼록 튀어나온 부분도 갈아서 제거했다. 상인은 와서 "이 돌은 서해 유사 지역에 나는 환혼석인데 죽은 사람 품에 두면 소생합니다. 하지만 눈을 빼 기운이 사라졌으니 쓸 일이 없겠네요."라며 십 금에 가져갔다.

흑옥대

귀수산(동해에 떠다니는 거북이 모양의 산)과 함께 등장하는
보물 중 하나로 그 산에는 용이 사는데,
그 용이 신문왕에게 하사한 검은 옥대가 흑옥대다.
흑옥대는 전부 용 모양으로 장식돼 있는데, 장식을 따서 연못이나 바다 등에
넣으면 용이 돼 날아간다. 대단한 듯 보이지만 생각해보면
용을 장식으로 바꿔 가둬놓은 것과 다름없다.
하지만 용이 언제든 옥대에 깃들어 지켜주고 있으니 든든할 듯하다.
신문왕 이후에 이 옥대의 행방에 대해 따로 기록된 바는 없다.

분류 • 사물	출몰 지역 • 감은사 인근	출몰 시기 • 삼국 시대	기록 문헌 • 《삼국유사》
특징 • 검은색의 옥대로, 장식은 모두 용이 변화한 것이다.			

문헌

▌《삼국유사》2권에 기록된 검은 옥대에 대한 내용은 다음과 같다.

왕이 배를 타고 산(귀수산)에 들어갔는데 용이 나타나 검은 옥대를 바쳤다. 왕이 용을 맞이하여 함께 앉아 물었다. (중략) 왕이 감은사에 묵고 17일에는 지림사 서쪽 냇가 근처에서 점심을 먹었다. 이때 태자인 이공이 궐에서 이야기를 듣고 달려와 축하했다. 그가 천천히 옥대를 살펴보며 말하길 "이 옥대의 많은 장식은 모두 용입니다"라고 했다. 왕이 그것을 어찌 아느냐 묻자 태자가 하나를 물에 넣어보라 했다. 옥대의 왼쪽 두 번째 장식을 계곡물에 넣자 용이 돼 날아갔고 그곳은 연못이 됐다. 이에 이곳을 용연이라 불렀다.

神

예로부터 우리나라에는 다양한 신이 있었다. 신들은 가택부터 자연까지 다양한 곳에 깃들며, 인간의 생활을 지켜보고 복을 주거나 벌을 주기도 했다. 여기서는 그중에서도 기이하고 독특한 신들만을 모아 정리했다.

4 ◆ 신

좌측의 큰 아이콘은 '신'을 의미하며, 분류에 따라 하단의 아이콘을 함께 표시했다. 여기서는 신의 성격에 따라 동서남북과 중앙 다섯 방위를 대표하는 '오방신', 집 안에서 인간의 생활을 도와주는 '가택신', 자연에서 신으로 바뀐 '정령', 세상의 부분을 만드는 '창조신', 인간을 수호하는 '수호신', 바다나 강에서 머무르며 나라를 지키는 '수신'과 '해신', 인간과 신이 반씩 섞인 '반신'으로 분류했다.

오방신

가택신

정령

창조신

수호신

수신, 해신

반신

백호

사방을 지키는 사신(四神) 중 하나. 백호는 서쪽을 맡고 있는 호랑이 형태의 신수다.
금의 기운을 가지고 있으며 음기를 띠기도 하는데,
주로 머리를 낮추고 뒷다리를 치세우는 자세를 취한다. 이를 '음풍'이라고 한다.
백호라고 하니 호랑이를 생각하겠지만 백호는 크게 두 가지 모습으로 그려진다.
사신인 백호는 용과 비슷하다. 몸과 꼬리가 가늘고 머리에 뿔은 없으며
몸에 호랑이 무늬가 그려져 있다. 고려 시대 이후에는 백호가 흰 털에
검은색 얼룩이 있는 일반적인 백색 호랑이의 모습으로 변형된다.
성격도 사신에서 산신령의 사자, 영수로 변형된다.
신수인 백호와 영수인 백호 두 가지를 혼동하지 않도록 주의하자.

분류 • 신(오방신)	출몰 지역 • 전국 각지	출몰 시기 • 시대 불문	기록 문헌 • 고구려 벽화, 《조선왕조실록》 외 민속신앙
특징 • 금의 기운을 가진 신수. 서쪽을 상징한다.			

문헌

▌ 고구려 우현리 중묘 벽화에는 용을 닮은 백호가 그려져 있다. 몸이 기다랗고 날렵한 몸놀림을 보여주는데 이 생김새가 사신 백호의 모습이라고 생각하면 될 듯하다.

▌《조선왕조실록》 태종 4년 11월 1일 기록을 보면, 중국에서 백호를 잡은 내용이 있다. 이때의 백호는 신수가 아닌 영수 백호를 말한다.

　　주왕이 사냥 중 신기한 동물과 그 새끼를 사로잡았습니다. 백호는 검은 무늬였는데, 쇠사슬로 묶어 철롱에 넣어 황제에게 바쳤습니다. (중략) 그 짐승은 날고기를 먹었다고 합니다.

▌ 백호뿐 아니라 하얀 닭, 하얀 여우, 하얀 뱀 등 문헌에는 백수들이 영수로 자주 등장한다. 하얀색은 영수의 색이라는 관념이 있기 때문이다.

삼신

제주 지역에서는 '삼승할망'으로 불리기도 한다. 삼신은 할머니의 모습으로
자녀를 점지해주고 성장을 지켜보는 가택신이다.
흔히 삼신은 아이만 신경 쓴다고 알고 있지만, 산모와 가정의 액을 막아주고
복을 지키는 일도 한다. 다른 신들과 마찬가지로 지역에 따라
조금씩 다르게 구전된다(어느 지역에서는 성주신과 남매라는 말도 있다).
대체로 집에서 삼신을 모실 때는 큰 가구 위나 벽 위쪽에 작은 단지를 두고
거기에 쌀을 담아 종이로 덮는다. 그러면 아이가 무사히 자랄 수 있다고 한다.
아기에게 있는 진한 몽고반점도 삼신의 영향인데,
빨리 세상으로 안 나간다고 할매가 손바닥으로 쳐서 생긴 멍이기 때문이다.

분류 • 신(가택신)	출몰 지역 • 전국 각지	출몰 시기 • 시대 불문	기록 문헌 • 《삼승할망본풀이》 외 민간 설화
특징 • 아이를 좋아하고, 신력이 강한 편이다.			

문헌

▌제주도 서사무가인《삼승할망본풀이》을 보면 제주도에서만 볼 수 있
는 독특한 삼신(삼승할망)의 기원이 드러나 있다.

　　동해 용왕은 자신의 딸을 벌하기 위해 죽이려 했으나 왕비의 간
청으로 이를 포기한다. 대신 인간 세상에 내려가 삼승할망으로 살아
가도록 명을 내린다. 하지만 동해 용왕의 딸은 잉태하는 방법만 배우
고 출산하는 법을 배우지 못한 채 석함에 담겨 인간 세상으로 떠내려
간다. 때마침 임박사가 석함을 발견하고 동해 용왕의 딸은 이를 고맙
게 여겨 자식을 잉태할 수 있도록 돕는다. 문제는 출산할 수 없다는 것
이었다. 이에 임박사는 동해 용왕에게 하소연했고, 용왕은 출산을 도
울 수 있는 인재를 찾다가 명진국 처녀의 재능을 알아보게 되었다. 그
후 용왕은 명진국 처녀에게 교육시킨 후 출산을 돕도록 내려보낸다.
임박사의 아이는 무사히 태어났으나, 동해 용왕의 딸과 명진국 처녀
는 서로 자신이 삼승할망이라고 싸웠다. 이에 동해 용왕은 이들에게
모래밭에서 꽃을 키우는 과제를 내, 이긴 사람을 이승의 삼승으로 임
명하겠다고 한다. 결국 명진국 처녀가 이겨 이승의 삼승할망이 됐고,
동해 용왕 딸은 저승을 관리하는 저승할망이 된다.

상심

남산에 사는 정령 혹은 신. 정확한 생김새는 기록돼 있지 않으나
이상한 모양에 해괴한 옷과 두건을 입고 있다고 한다.
대부분의 사람 눈에 보이진 않고, 보이고자 하는 특정인에게만
노출하는 재주가 있다. 노래를 부르고 춤을 추는 것을 좋아하는데 주로 부르는
기이한 노래는 "지리다도도파도파"다. 많은 사람이 이 노래의 뜻을
나름대로 해석하지만, 그 의미는 분명치 않다.
다만 무언가를 경계하기 위한 노래 가사로 추정된다.
이들의 노래와 춤은 '어무상심'이라는 무용으로 전파되고 있다.
북악의 신은 '옥도령', 동례전에서 나타난 신은
'지신(지백)'이며 모두 왕 앞에 나타난 이력이 있다.

분류 •	출몰 지역 •	출몰 시기 •	기록 문헌 •
신(정령)	남산	삼국 시대	《삼국유사》, 《치평요람》

특징 •
해괴한 옷을 입고 있다. 알 수 없는 노래와 춤을 춘다.

문헌

▌《삼국유사》에 기록된 상심의 모습은 다음과 같다.

> 왕이 포석정에 행차했는데 남산의 신이 나타나 춤을 추었다. 주변의 신하들은 보지 못하고 왕만 보았는데 왕이 친히 춤을 추어 신하들에게 보여주었다. 신의 이름이 상심이라고 했다.

▌《치평요람》에 기록된 내용은 다음과 같다.

> 어떤 사람 네 명이 수레 앞에서 노래를 부르고 춤을 추었다. 어디서 왔는지 알 수가 없으나 그들의 모양이 해괴하고 옷차림도 이상했다. 당시 사람들은 산과 바다의 정령이라 했는데 상심, 옥도령, 지백이고 하나는 이름이 전해지지 않았다. 그들이 부른 가사 중엔 "지리다도도파도파"라는 말이 있었다.

설문대할망

'마고할미(세상을 만든 창조신이자 중국과 한국 모두에 알려진 대모신)'와 비교되는
거대한 여성 신으로, 마고할미가 제주도에서 설문대할망으로
변형됐다는 설이 있다. 설문대할망은 제주도를 만들었다고 전해지며
크기는 한라산을 베면 발끝이 관탈도까지 걸쳐졌을 정도라고 한다.
지도에서 길이를 재보면 41km에 이를 정도로 어마어마하다.
설문대할망 설화는 지역마다 조금씩 다르지만, 바닷속에서 흙을 파내
제주도를 만들었다는 내용은 동일하다. 제주 어민, 해녀, 도민 들을 지켜주는
신격인 존재로 한라산 지형 곳곳에 설문대할망의 손길이 닿지 않은 곳이 없다.
문헌으로는 찾아보기 힘들며 구전으로만 전해진다.

분류 • 신(창조신)	출몰 지역 • 제주도	출몰 시기 • 태초	기록 문헌 • 민간 설화
특징 • 거대한 자신의 키를 자랑스러워한다.			

문헌

▌민간에 구전으로 전해지는 설문대할망 설화는 다음과 같다. 설문대할망은 태초의 신이다. 천지개벽할 때 하늘과 땅이 붙어 있었는데 할망이 이를 분리해 하늘은 위로, 땅은 아래로 보냈다. 또 사람들이 살 수 있도록 물가에서 흙을 퍼 올려 섬을 만드니 이것이 제주도다. 흙을 퍼나를 때 치마를 사용했는데, 흙이 치마 사이로 흐른 것이 지금의 오름이다. 할망의 키는 워낙 커서 한라산을 베고 누우면 발끝이 관탈도까지 닿았다. 하루는 설문대할망이 한쪽 발은 성산읍 식산봉에, 다른 발은 일출봉에 두어 소변을 보았는데 그때 떨어져 나간 땅이 섬이 되기도 했다. 후대에는 이 설화에 죽음과 관련된 이야기까지 덧붙여졌다. 설문대할망이 자신의 키를 자랑하기 위해 바닥없는 못에 들어갔다가 익사했다는 이야기가 그것이다.

성황신

토지, 마을을 수호해주는 신으로, '서낭신'이라고도 불린다.
마을 초입이나 산, 길가에 돌무더기를 쌓은 것이 있는데 이것이 성황신의 신체다.
딱히 형체가 정해져 있지 않고 돌을 하나씩 올리며 기도하면
마을을 지켜준다고 한다. 성황당이 생길 때는 당 안에 신수(神水)와 위패,
그림을 놓기도 한다. 여성일 것 같지만 간혹 남성의 모습으로도 나타난다.
목격담에 의하면 귀화(鬼火)처럼 나타나 푸른 불꽃으로
커졌다가 작아졌다가 한다. 성황신 신체인 돌무더기를 무너뜨리거나
망가뜨리면 마을에 큰 화를 입을 수 있다. 딱히 성황신을 위협하는 존재는 없으나
신라 시대 요괴한 무당 귀신인 '삼녀'를 두려워했다는 기록이 있다.

분류 • 신(수호신)	출몰 지역 • 각 마을 초입이나 고갯마루	출몰 시기 • 시대 불문	기록 문헌 • 《어우야담》 외 민간 설화
특징 • 돌무더기를 신체로 삼아 마을을 수호한다.			

문헌

▌《어우야담》에는 김효원이 삼척부사로 있을 때 목격한 성황신의 내용
이 기록돼 있다.

그는 귀신이 많아 부사들이 모두 죽는다는 삼척으로 부사직을 임
명받는다. 그날 밤 홀로 텅 빈 관아에 있다가 침실문을 잠그고 잠이 드
는데, 깨보니 문이 저절로 열려 있었다. 창밖의 뜰에는 한 점 푸른 불
이 떠다녔는데 왼쪽으로 돌면 반딧불처럼 작아지고 오른쪽으로 돌면
그릇만큼 커졌다. 다시 또 왼쪽으로 도니 촛불처럼 작아졌다가 다시
항아리만 해졌다. 그 불이 침실로 날아들었는데 이에 놀라 김효원이
"사람과 귀신의 길이 다른데 왜 이리 괴롭히느냐! 원한이 있으면 말
하고 그렇지 않으면 물러가거라" 하니 천천히 사라졌다. 그날 꿈에 한
사내가 나타나더니 "저는 이 마을의 성황신입니다. 마을이 생길 때에
내 위판을 설치하고 산사에서 제향했습니다. 그런데 신라왕의 삼녀
라는 무당 귀신이 내려와 백성들을 괴이하게 꾀니 미혹됐습니다. (중
략) 속히 그 신을 내치고 저를 돌아오게 하면 더한 다행은 없을 것입니
다"라고 했다.

업신

우리나라에서 집은 신성한 공간으로, 업신, 조왕신,
터주신 등 다양한 신들이 가택 곳곳에 깃들어 있다고 믿었다.
그중 업신은 조금 독특한 존재인데 실물로 목격되는 존재이기 때문이다.
업신은 마루 밑에 앉아 있는 반신반수로, 엄밀히 말하면 신에 가깝다.
업신은 두꺼비 외에 구렁이, 족제비 등 다양한 형태로 존재하는데,
재물을 가져오는 신이므로 길물이다.
업신을 보면 절대 누군가에게 말하거나 소문내면 안 된다.
부정을 타서 다른 곳으로 떠나버리기 때문이다. 업신이 엉덩이를 깔고 앉으면
부자가 되기에 서민들은 항상 업신이 들어와
마루나 곳간에 앉아주기를 기다렸다고 한다.

분류 •	출몰 지역 •	출몰 시기 •	기록 문헌 •
신(가택신)	전국 각지	시대 불문	'대감타령' 외 민간 설화

특징 •
재물을 관장한다. 예고 없이 찾아온다.

문헌

▌ '두껍아 두껍아 헌 집 줄게 새 집 다오.'라는 노래는 다양하게 해석되는데, 그중 여기에 나오는 두꺼비가 업신이라는 설도 있다. 가사를 잘 들어보면 재물을 관장하는 두꺼비에게 집을 달라고 구걸하는 내용이다.

▌ 무당굿 중 '대감타령'을 보면 다음과 같은 업신 두꺼비가 등장한다.

부자 되게 도와주마. 장자 되게도 도와주마. 곳간도 채우고, 단지도 채워서 멍의 노적 쌓아놓을 적에 노적 더미에 꽃이 피고, 금 구렁이 굽을 치고, 업두꺼비 새끼 치고, 금 족제비 터를 잡아 밑의 노적 싹이 나고.

▌ 돼지 저금통과 더불어 두꺼비 모양의 저금통이 한때 유행했던 것도 같은 이치로 볼 수 있다. 복 두꺼비라는 말도 업신에서 비롯됐다. 두꺼비는 알게 모르게 복과 재물의 상징으로 많이 사용됐다.

용

용은 한국뿐 아니라 중국, 일본 등 아시아 문화권에서 쉽게 접하는 신물이다.
대부분 신이 변한 경우인데 악한 용도 존재한다. 강우를 조절하고,
하늘을 날 수 있으며, 인간으로도 변하기 때문에 간혹 인간과 정을 통하여
아이를 낳기도 한다. 이때 태어난 아이는 범상치 않은 기운을 갖는다.
《삼국사기》만 하더라도 23번 정도의 용 출현 혹은 목격이 있는 것으로 보아
과거에는 목격이 어렵지 않았을 것으로 추정된다.
문헌에 등장한 용들을 보면 괴룡, 황룡, 백룡, 적룡, 해룡, 독룡, 흑룡, 화룡 등이며
성격도 조금씩 달라서 종류별로 살펴보도록 하겠다

(청룡은 사신 중 하나로 뒤에 따로 정리했다).

분류 • 신(수신, 해신)	출몰 지역 • 전국 각지	출몰 시기 • 시대 불문	기록 문헌 • 《삼국사기》,《점필재집》등 다수
특징 • 하늘을 날며 비를 내리는 신령한 존재.			

문헌

▌ 괴룡:《점필재집》중〈시집〉제5권에 "나무 머리서 괴룡의 귀를 베어
라"라는 표현이 등장한다. 괴룡은 죄를 범한 용으로, 비를 내려
주기 싫어 사람의 몸속이나 고목 등에 숨는다. 하늘에서 괴룡을
벌할 때는 귀를 벤다.
《오음유고》에도 은폐한 괴룡이 등장한다. "괴룡 숨은 기둥을 치
자 쌍뢰가 울리고"라는 구절이 바로 그것이다.

▌ 황룡: 황색 용. 사신도 중앙에 위치하는 성스러운 신물로,《삼국사기》
13권에 기록돼 있다. 고구려 동명성왕 3년 봄 3월에 골령(평안남
도 성천)에서 나타났다.《삼국사기》24권, 백제 고이왕 5년 4월에
도 목격됐는데 궁궐 문기둥에 벼락이 치더니 황룡이 날아왔다
고 한다.

▌ 백룡: 하얀 용.《어우야담》에는 황룡과 백룡의 싸움이 소개된다. 기록
에 따르면 갑자기 구름이 일더니 서로 허공에서 싸우는데, 밝은
햇살에 비늘이 찬란하게 빛났다. 벼락이 치고 번갯불이 번쩍이
더니 굵은 빗줄기와 우박이 쏟아졌는데, 한참 뒤 서로 몸을 숨기
고 싸움이 끝나니 다시 하늘이 맑아졌다.
《신증동국여지승람》4권에는 기묘년 9월에 태종이 임금이 되기
전에 목격됐다. 크기가 서까래만 하고, 비늘 광채가 뛰어난 용이
태종이 있는 곳으로 날아갔다고 한다.

▋ 해룡: 바다의 용을 통칭하는 것으로, 주로 용왕이나 용왕의 아들이 용으로 많이 변한다. '매구'에 대한 기록을 살펴보면 서해의 용이 매구에게 당하는 기록이 나온다. 또 '흑옥대'에 대한 기록에서도 용이 왕에게 선물하고 대담하는 묘사가 등장한다. 《삼국유사》 3권에는 부처님께 가르침을 청하는 용왕이 등장하는데, 이때 범천왕이 용왕을 작은 용이라 칭한다.

▋ 적룡: 《삼국유사》 1권에 신라 탈해왕이 소개되는데, 이때 한 할머니가 배를 발견하는 장면이 나온다. 배에는 일곱 가지 보물과 노비, 잘생긴 아이가 있었는데 그 아이는 자신을 용성국 사람이라 했다. 알에서 아이가 태어난 것이 괴이한 일이라 배에 실어 보낸 것이다. 그때 붉은 용이 나타나 그 배를 호위해줬다. 《동국이상전집》에는 "적룡의 등은 미끄러워 타기 어려워"라는 구절이 있다. 《조선왕조실록》에는 세종 18년, 22년, 25년에 적룡에 기우제를 지낸다는 내용이 있다. 이는 중국 문헌 《시문유취》에 갑을(甲乙)의 날에 비가 내리지 않으면 동쪽에 청룡을 만들어 동자가 춤추게 하고, 병정(丙丁)의 날에 비가 오지 않으면 남쪽에 적룡을 만들어 장정이 춤추게 하고, 무기(戊己)의 날에 비가 오지 않으면 중앙에 황룡을 만들어 장정이 춤추게 하고, 경신(庚辛)의 날에 비가 오지 않으면 서쪽에 백룡을 만들어 노인에게 춤추게 하고, 임계(壬癸)의 날에 비가 오지 않으면 북쪽에 흑룡을 만들어 노인에게 춤추게 했다는 말에서 비롯된 것으로 보인다.

▋ 독룡: 독이 있는 용 혹은 사악한 용이다. '강철이'를 보면 알겠지만, 일반 용과는 다르게 생겼다. 중국에서는 신룡과 다른, 서양용과 비

숫한 류를 독룡이라 했다. 이 독룡은 화염을 내뿜거나 독가스를 뿜기도 한다.《삼국유사》3권에 가라국 국경에 있는 아름다운 연못에 독룡이 살고 있었는데 다섯 명의 나찰녀가 오가며 사귀었다는 기록이 있다. 이럴 때면 번개가 치고 곡식이 익지 않았다고 한다.

▌ 흑룡: 검은 용.《삼국사기》에는 흑룡이 백제에서 많이 목격된다. 백제 비류왕 13년 4월에 왕도의 우물물이 넘치고 흑룡이 그 속에서 나왔다. 백제 비유왕 29년 9월에는 한강에 흑룡이 나타났고 왕이 돌아가셨다. 백제 문주왕 3년 5월에도 웅진에서 목격됐다. 《장자》에는 흑룡의 턱 밑에 진귀한 구슬이 있다고 기록돼 있다.

▌ 화룡: 온몸에 불을 둘렀다는 전설의 신룡.《어우야담》에 화룡의 뼈마디에 있는 구슬이 등장한다. 눈부신 광채가 온 뜰을 비출 정도였다고 한다.

주작

사방을 지키는 사신 중 하나. 주작은 남쪽을 맡고 있는 새 형태의 신수로,
불을 상징하기도 하는데 이를 반영하듯 붉은 깃털을 가지고 있다.
주작이 죽은 사람을 태워 저승으로 데려간다고 믿었기에 삶과 죽음
그 한가운데 있는 존재다. 양의 기운이 가득하고 사신 중 태양과 가장 가깝다.
그래서 입에 불을 물고 등장하기도 한다.
기다란 붉은 깃털과 꽁지깃을 가지고 있으며, 공작처럼 화려하다.
날카롭고 날렵하게 생겼으나 날개를 펴면 마치 커다란 불꽃처럼 보인다.
반대 방위인 '현무'와는 상생상극의 관계인데,
서로 반대 성향을 가지고 있으나 결국 함께 존재해야만 한다.

분류 • 신(오방신)	출몰 지역 • 전국 각지	출몰 시기 • 시대 불문	기록 문헌 • 고구려 벽화, 《성호사설》 외 민속신앙
특징 • 양의 기운이 가득 찬 신수. 남쪽을 상징한다.			

문헌

❚ 주작이 가진 신성함 때문에 연호로 사용된 적도 있다. 《동사강목》 제5상
에 발해왕 언의가 주작을 연호로 사용한다. 그만큼 양의 기운이 가득
찬 존재인 주작은 생명력의 상징으로 기록된다.

❚ 《성호사설》 제2권 《천지문》에 사신의 내용이 상세히 등장한다.

> 청룡(蒼龍)이 왼쪽에 둘려 있고, 백호(白虎)가 오른쪽에 무섭게 자
> 리 잡고, 주작(朱雀)이 앞에 날개를 펴고, 영귀(靈龜)는 뒤에서 등을 구
> 부리고, 황룡(黃龍)은 중앙에서 수레를 몰아 네 짐승과 함께 다섯이
> 됐다.

❚ 고구려 무덤 벽화에는 항상 사신이 등장하는데, 이는 네 신수가 고인
을 지켜줄 거라 믿었기 때문이다.

천사

하늘에서 내려온 사신 혹은 중개자. 주로 인간 세상에 천제의 말을 전하거나,
하늘의 보물을 전하거나, 대신 꾸짖기 위해 내려온다. 가끔 하늘에 예를 표하거나
제사를 지내면 하늘의 주방에서 음식을 내려주는데
이 역시 천사가 나르는 것이다. 즉, 지상을 향한 자잘한 업무를
수행한다고 보면 된다. 저승사자처럼 하늘의 임무를 수행하는
관리로 보는 게 타당하다.
정확한 생김새는 묘사돼 있지 않으나, 벼락을 내리며 사살 임무까지
수행하는 것을 보아 생각보다 강력한 힘을 가진 것으로 추정된다.
다만 임무 수행 중 어리바리한 면을 보이기도 한다.

분류 • 신(반신)	출몰 지역 • 하늘	출몰 시기 • 시대 불문	기록 문헌 • 《삼국유사》
특징 • 하늘의 명을 수행하는 관리다.			

문헌

▌《삼국유사》1권에 등장하는 사자의 모습이다.

왕에 오른 첫해에 하늘에서 천사가 궁전 뜰로 내려와 왕에게 말했다. "천제께서 이 옥대를 전하라 했습니다."

▌《삼국유사》4권에는 이목이라는 서해 용왕의 아들이 비를 내리게 하자 천제가 천사를 시켜 그를 죽이도록 한다. 보양이라는 스님이 배나무를 이목이라고 속여 천사는 벼락을 내리고 애꿎은 배나무를 죽이는데(벼락을 내리는 것은 구전을 통해 추가된 이야기다), 천사라는 존재가 얼마나 어리바리한지 알 수 있는 구절이다.

▌《삼국유사》3권의 내용에 따르면 당나라의 선율사(宣律師)가 제를 올리면 하늘에서 음식을 내려주었다고 기록돼 있는데, 이를 천사가 나른다.

청룡

사방을 지키는 사신 중 하나로, 동쪽을 맡고 있다.
이름처럼 푸른색을 띠며, 용 중에서도 가장 귀한 용이다.
고구려 고분에 기록된 청룡은 지금과는 그 모습이 사뭇 다르지만,
시간이 지나면서 용의 형태를 갖추기 시작한다.
청룡은 두 개의 뿔을 가지고 있으며, 입에서 화염을 내뿜기도 한다.
움직임은 매우 재빠르고 신속하다. 용은 대부분 기상을 변화시키는 힘이 있는데,
청룡은 구름을 다스리고 백호는 바람을 다스린다.
일반적으로 백호와 함께 '좌청룡 우백호'라고도 한다.
청룡은 춘분에 등천하고 추분에는 못에 들어가 숨어 있다.
이렇게 숨어 있는 용을 '잠용'이라고 부른다.

분류 • 신(오방신)	출몰 지역 • 전국 각지	출몰 시기 • 시대 불문	기록 문헌 • 고구려 벽화, 《임하필기》 외 민속신앙
특징 • 사신 중 하나인 푸른 용. 동쪽을 상징한다.			

문헌

▮ 《임하필기》27권에는 인조의 꿈에 청룡이 나타나 재상을 추천하는 기록이 있다. 이처럼 용은 하늘에서 나라를 굽어살피며 메신저 역할을 하기도 했다.

▮ 《해동역사》41권에도 청룡이 기록돼 있다.

> 7월 초하루, 태풍이 불고 번개가 치면서 청룡이 물에서 나왔다. 유황의 기운이 바다에 가득 끼었는데, 적선 3,500척이 순식간에 파도에 휩쓸리거나 난파당하여 바위에 걸리거나 표류했으며.

▮ 《의림촬요》에 청룡이라는 신국(약누룩)을 만드는 내용이 기록돼 있다.

> 청룡은 청호(국화과 식물인 개사철쑥의 전초)의 자연즙 1되로 조제한다. 신국은 소화제 등에 사용되는 귀한 약재이며, 음력 6월 6일에만 조제해야 한다.

현무

사방을 지키는 사신 중 하나로, 북쪽을 맡고 있는 거북이 형태의 신수다.
잉태와 출산을 상징하기도 한다.
탁하고 어두운 기운이 응집돼 만들어진 존재이며 주작과 상극이다.
그래서 주작이 하늘과 태양을 상징하는 데 반해 현무는 대지를 상징한다.
생김새가 꽤 기괴한 편인데, 검은색을 띤 거북이와 뱀이 엉킨 형상이기 때문이다.
몸을 이루는 껍질과 비늘은 매우 단단하여 뚫을 수 없다고 전해진다.
뱀은 등껍질을 들어갔다 나왔다 하고, 거북이와 교접을 시도한다.
이는 수컷 현무가 없어서 교접하려면 뱀과 만나야 하기 때문이다
(고대인들은 수컷 거북이가 없다고 믿었다).

분류 • 신(오방신)	출몰 지역 • 전국 각지	출몰 시기 • 시대 불문	기록 문헌 • 고구려 벽화 외 민속신앙
특징 • 음의 기운이 가득 찬 신수로, 북쪽을 상징한다.			

문헌

▌《천장관전서》7권에는 진법과 관련하여 현무에 대한 내용이 간략히 기록돼 있다.

> 북방의 깃발은 현무인데 뱀이 거북을 휘감는 형상이 그려져 있고.

▌현무는 거북이의 모습으로 기록돼 있는데, 우리나라에서 거북이가 가지는 의미는 상당하다. 거북은 늘 무언가의 메시지를 전하는 역할로 등장하기 때문이다. 현무를 휘감고 있는 뱀 또한 민간에서 영수로 알려졌다.

▌고구려 벽화를 보면 후기로 갈수록 중국의 현무와 다른 특색을 가진다. 역동적이고 날렵하며 세련된 형태인데 이 모습이 우리나라의 현무라고 보면 될 것이다.

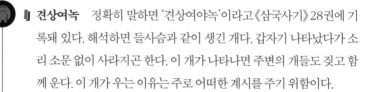

견상여녹   정확히 말하면 '견상여야녹'이라고 《삼국사기》 28권에 기록돼 있다. 해석하면 들사슴과 같이 생긴 개다. 갑자기 나타났다가 소리 소문 없이 사라지곤 한다. 이 개가 나타나면 주변의 개들도 짖고 함께 운다. 이 개가 우는 이유는 주로 어떠한 계시를 주기 위함이다.

금와   《삼국사기》 13권 고구려 건국설화에 등장하는 괴인이다. 어느 날 부여왕 해부루가 몰던 말이 곤연에 이르렀는데 말이 갑자기 큰 돌을 보고 울기 시작했다. 이 돌을 굴려보니 금빛 개구리 모양의 아이가 있었다고. 왕은 이를 거두어 '금와'라 이름 지었다.

달제가   산스크리트어 이름으로, 신령스러운 나무라는 의미다. '혁'이라고 불린다. 서천축과 신라의 두 영취산에만 서식하는 나무로, 생김새는 자세히 알려져 있지 않다. 두 영취산은 모두 보살이 거주하는 신성한 곳이다.

대각어   커다란 물고기로, 뿔이 달려 있고, 크기는 수레에 가득 찰 정도다. 《삼국사기》 3권에 등장하며 신라 시대 초기 동해에서 발견됐다. 이외에 자세한 정보는 따로 기재돼 있지 않다. 즉, 자세한 생김새나 발생 이유는 알 수 없다.

두여마   머리가 말을 닮았다는 뜻으로, 실제 괴물의 이름은 아니다.

평안도에서 발견됐으며,《조선왕조실록》영조 23년 11월 기록에 등
장한다. 생김새가 매우 기이한데, 앞발은 호랑이 발톱이고 뒷발은 곰
발바닥이며 머리는 말과 같고 코는 산돼지 같다. 털은 산양을 닮았는
데 사람을 공격하고 문다.

▌**망태기할아버지**　구전으로 전해져 오는 괴물. 망태기를 짊어진 할아
버지의 모습을 하고 있다. 말을 안 듣는 나쁜 아이를 망태 안에 담아 데
려간다. 다만 데려간 후에 아이가 어떻게 되는지 정확하게 알려진 것
은 없다. 여러 가지 설들만 무성할 뿐이다.

▌**명죽**　떨리는 대나무로,《어우야담》에 기록돼 있다. 허암 정희량이
전라도 벗 집에 머무를 때 목격했다. 대나무가 바람이 불지 않는데도
갑자기 떠는데 이는 자신의 죽음을 미리 예견해서다. 이렇게 파르르
떨고 나면 근 시일 안에 누군가가 그 대나무를 벤다.

▌**변와변어**　죽은 사람의 시체가 개구리로 변하고 뒤이어 물고기로 변
하는 현상이다. 왜 이러한 현상이 일어나는지는 알 수 없다. 어떤 사람
이 병으로 남해 물가에서 죽었는데 시체가 썩어 개구리가 돼 뛰어다
녔으며 바다에서는 물고기로 변해 헤엄을 쳤다고 한다.《청파극담》에
기록돼 있다.

■ **북명인**　북명(혹은 북명산)에 거주하는 사람들. 북명이 어느 곳인지는 알 수 없다. 함경남도 쪽이라는 추정도 있지만 이 또한 불확실하다. 북명인은 키가 매우 크고 눈에서 광채가 나며 얼굴이 희다.《삼국사기》 14권에 등장하는 '괴유'라는 장수가 바로 북명인이다.

■ **상사뱀**　사람을 사랑한 뱀으로,《용재총화》5권에 등장한다. 보광사에 사는 중이 시골 여자를 몰래 아내로 삼아 왕래했는데 죽고 난 뒤 뱀으로 변하여 여인을 찾아가기 시작했다. 낮에는 항아리 안에 있다가 밤에는 여인에게 가 음경과 같은 혹으로 잠자리를 가졌다. 이에 임천 군수가 새로운 함을 준다고 꾀어내 항아리에서 나오게 한 후 함에 못을 박아 가두었다.

■ **신작**　신령한 참새. 그 모양이 정밀하게 묘사돼 있지 않으나 생김새가 독특한 것으로 추정된다.《삼국사기》13권에 등장하고, 동명성왕 6년에 궁궐의 뜰에서 목격됐다.

■ **신효**　화재를 알리는 올빼미. 신효가 나타나면 항상 화재가 나는데, 교미하거나 울면 화재를 조심해야 한다.《어우야담》은 이러한 이유로 올빼미를 흉조로 보고 있다.

■ **육목귀**　눈이 여섯인 거북이로, 계시를 전하기 위해서 찾아온다. 대

부분 그 계시는 거북의 배에 쓰여 있다.《삼국사기》3권에 신라 소지 마립간 10년에 왕이 진상을 받았다고 기록돼 있다. 어떤 글씨가 써져 있는지는 기록돼 있지 않다.

▎**이수약우**　소와 비슷한 이상한 짐승이라는 뜻. 실제 이름은 아니지만, 딱히 지칭할 말이 없다.《삼국사기》10권 신라 소성왕 때 등장하여 우두주 도독이 임금에게 보고한 것으로 기록돼 있다. 이 괴물은 몸체가 길고 크고, 꼬리 길이가 석 자(약 90.9cm) 정도며, 털은 없고, 코가 긴데 소와 닮았다. 불가사리의 원류나 코끼리 등으로 추정은 무성하나 확실한 것은 없다.

▎**화서**　말하는 쥐로,《삼국유사》1권에 기록돼 있다. 신라 비처왕의 행차 도중 목격됐는데, 쥐가 사람의 말을 하며 "이 까마귀가 가는 곳으로 가시오"라고 길을 인도했다. 주로 계시나 메시지를 주기 위해 등장하는 듯하다. 이후 병사는 쥐의 말처럼 까마귀를 쫓다가 '연못 속의 노인'을 만나게 된다.

▎**구지음**　'구지'라는 산봉우리에서 들린 목소리. 구지는 열 마리의 거북이 엎드려 있는 것 같다고 하여 이름 붙여진 곳으로,《삼국유사》1권에 등장한다. 이 목소리의 주인공은 하늘에서 명하여 임금이 되라고 내려 보낸 이다. 이를 맞이하기 위해 구간(당시 추장)들이 춤을 추며 "거

북아, 거북아 머리를 내밀어라. 그렇지 않으면 구워서 먹으리"라는 노래를 불렀다. 이렇게 하니 하늘에서 금으로 된 상자가 내려왔고 그 안에는 여섯 개의 알이 들어 있었다. 그 알이 다음 날 사람이 됐다고 기록돼 있다.

▌**길달**   《삼국유사》1권에 등장하는 귀물로, 사람과 귀신 사이에서 낳은 인물 비형이 부리던 귀신이다. 신라 진평왕 때 나타난 것으로 기록돼 있다. 비형은 왕에게 길달을 인물로 추천했는데 왕이 그를 마음에 들어 하여 집사라는 벼슬을 내린다. 또 각간 임종이 자식이 없어 길달을 아들 삼게 하는 기록도 있다(귀신을 자식 삼게 하다니 조금 섬뜩하다). 임종은 길달에게 흥륜사 남쪽에 누문을 세우게 한 뒤 그 문 위에서만 자게 했다. 후에 길달이 여우로 변해 도망가자 비형은 귀신들을 시켜 그를 잡아 죽인다.

▌**맹사**   사당 혹은 무덤을 지키는 용맹한 병사로,《삼국유사》2권에 등장한다. 김수로왕의 사당(왕릉)에 등장하며 보물을 도굴하려는 도굴꾼들을 몰아내는 신병이다. 갑옷과 투구를 장비하고 주로 활을 쏘는데 비 오듯 무자비하게 화살을 발사한다. 그 솜씨에 7,8명의 도적이 죽을 정도라고.

▌**목장부**   홰나무가 변한 괴이한 장부로,《청파극담》에서 모 씨가 목격

했다. 모 씨가 밤에 사청(조선시대 무과 시험장)을 지나던 중 많은 무사가 궁술을 겨루거나 창술하는 것을 보았다. 그리고 그들이 모 씨를 묶어서 구타했는데 한 장부가 나타나 이를 말렸다. 그런 후 다친 모 씨를 집으로 데려다주었는데 알고 보니 장부는 집 앞의 홰나무가 변한 것이었다.

무두면사체　머리와 얼굴, 사지가 없는 귀물들. 형체가 뚜렷하지 않은 귀신들이 떼로 몰려다녀 기괴함을 자아낸다. 주로 가위에 눌리거나 기가 약할 때 보게 된다. 이 귀물들을 보면 놀라고 혼미해지며 겁에 질려 수일 안에 사망한다.《대동야승》에서 성운이 목격한 후 사망한 것으로 기록돼 있다.

무자귀　자식이 없이 죽은 귀신으로, '무주귀'라고도 한다. 무자귀는 제사를 지내줄 사람이 없어 늘 고독함을 느낀다.《만기요람》〈재용〉 편을 보면 '여단'이라는 단어가 등장하는데 이는 무자귀와 역병으로 죽은 귀신들을 위로하기 위한 제단이다. 동대문 밖에 설치했다고 한다.

물귀신　물에 빠져 죽은 귀물로, 빠져 죽은 물속에 지내며 누군가 헤엄치거나 목욕할 때 다리 등을 끌어당겨 익사시킨다. 구전으로 전해지는 괴물이어서 특별한 문헌은 찾기 어려우나, 예부터 누군가가 물에 빠져 죽으면 항상 고사굿을 지내 물귀신의 원을 달래려 했다.

▌**수호령**　대상자를 수호해주기 위해 있는 영으로, 조상이나 부모인 경우가 많다. 항상 뒤에서 존재하며 다치거나 불이익을 당하지 않도록 힘쓴다.《어우야담》에도 수호령과 비슷한 존재가 등장한다. 재상의 곁에서 그를 호위했던 신령한 귀신이 바로 그것이다.

▌**원귀**　원한을 가진 귀물. '손각시'도 크게 보면 원귀의 범주 안에 들어간다. 딱히 특별한 형태를 띠진 않으며 문헌에 간간이 등장한다.《어우야담》에는 진기경이라는 사람의 꿈에 선비 차림의 원귀가 나타난다. 성은 모씨인데 종이 살해하여 이를 알리려 한 것. 이처럼 주로 원귀는 억울하게 죽은 귀신들이 많다.

▌**유일노승장**　직역하면 '한 명의 스님과 장사'로, 대지진과 함께 나타나 업무를 마치면 홀연히 사라진다. 이들이 나타날 때는 날이 갑자기 깜깜해진다. 커다란 건축 자재를 단번에 세우는 것을 보아 괴력을 가진 것으로 추정된다.《삼국유사》3권에 등장하며 황룡사의 금전문에서 나와 석탑을 세울 기둥을 놓고 사라진다. 이 기둥을 바탕으로 황룡사 9층 석탑이 만들어졌다.

▌**고산나봉**　산에 생기는 조개나 소라. 돌이나 산에 있는 흙 사이에서 갑자기 생겨난다. 군중에서 쓰는 나각(소라로 만든 호각) 또한 고산나봉을 가지고 제작한다. 이익의《성호사설》4권에 기록돼 있다.

기한 기이한 땀으로, '기루'와 동류의 괴현상이다. 나라에 안 좋은 일이 생길 때 이를 경고하기 위해서 발생한다.《어우야담》에 두 개의 기이한 사례가 소개된다. 하나는 팔만대장경의 판목이 땀을 흘린 것인데 그 이듬해에 나라에 역병이 돌았다. 또 하나는 관우의 소상에서 땀이 흘러 땅바닥까지 적신 사례로, 이때는 임진왜란 사천 전투에서 크게 패배했다.

단똥 《조선민담집》에 기록된 똥. 한 젊은이가 이상한 꿀벌집을 먹고 배변한 것이다. 매우 달달한 맛이 나는데 계속해서 나오기 때문에 항문을 막아야 한다. 이상하게도 이 똥을 구매하려는 사람들이 많아 잘 팔면 부자가 될 수 있다.

명목 밝게 빛나는 고래의 눈이다. 모든 고래의 눈이 밤에 빛나는 것은 아니다. 그래서 고래의 정체가 궁금한데 기록에는 이 부분이 누락돼 있다.《삼국사기》17권에 해곡의 태수가 고구려 서천왕에게 이 눈을 진상했다는 기록이 있다.

목우유마 《어우야담》에 나오는 독특한 수레로, 소와 말을 본떠 만들었다. 이성석이 제작했으며 강아지만 한 크기로, 쉽게 물건을 나르고 걸음을 옮길 수 있다. 다만 몸체가 커지면 무거워져 이동이 힘들어진다. 삼국지에도 제갈량이 만든 목우유마가 등장한다. 제갈량의 목우

유마 또한 험로에서 이동하기 위한 수레인데 머리 부분의 혀를 돌리면 움직이지 않는다고 알려져 있다.

■ **보천장** 보천의 지팡이로, 주석으로 만들어졌다. 보천은 신라의 신묘한 승으로 그의 지팡이 또한 매우 특이하다. 지팡이 스스로 매일 소리를 내며 방을 세 번씩 돌아다녔다고. 보천은 이 지팡이 소리를 듣고 시간을 맞춰 수업했다고 한다. 《삼국유사》 3권에 기록돼 있다.

■ **오복동** 《조선민담집》에 기록된 이상한 마을. 옛날 전쟁을 피해 사람들이 산중에 숨어 건설했다. 동굴을 통해 들어갈 수 있지만 마을을 찾기는 어렵다. 오복동인들은 세상과 교류하려 하지 않는다.

■ **자영** 하늘에서 내려온 자주색 끈으로, 《삼국유사》에 기록돼 있다. 알 여섯 개를 끈과 함께 내려 보냈는데 하나는 김수로왕이 됐고, 나머지 다섯은 각 고을로 보내 군수가 된다. 신계의 물건으로 추정된다.

■ **지하국** 지하에 있는 또 다른 세계로, 《삼국유사》 4권에서 원효대사와 사복이 목격했다. 사복은 어머니가 돌아가시자 글을 지어 부르고 띠 풀의 줄기를 뜯었다. 그러자 그 안에 밝고 청아한 세계가 있었다고. 그곳에는 칠보 난간의 누각이 장엄하게 세워져 있었는데, 사복이 어머니의 시체를 업고 그 속으로 들어가자 땅이 다시 합쳐져 열린 흔적

조차 보이지 않았다.

■ **굴대장군** 굴뚝 신. 굴뚝에 머무르며 열흘에 한 번은 연기를 타고 하늘에 올라간다. 하늘에 올라가면 머무른 집안의 잘못된 점을 보고한다. 주로 구전으로 전해지며 기록은 많지 않다.

■ **수신** 고구려의 신으로, 정확한 생김새는 기록돼 있지 않다. 다만 나라의 동쪽 굴을 통해 오가는 듯하다. 고구려에서는 매년 10월, 이 굴에다 제사를 지내며 수신을 맞이하는 행사를 치렀다고 한다.《삼국사기》 32권에 기록돼 있다.

■ **지선** 연못에 사는 노신선.《삼국유사》1권에 등장하며 신라 비처왕 때 병사가 신령한 까마귀를 쫓다가 연못에서 목격했다. 연못에서 노인이 갑자기 나와 병사에게 편지를 주었는데 편지 겉면에는 "열어보면 둘이 죽고 열지 않으면 하나가 죽는다"라고 써 있었다고 한다.

《계곡집》, 장유 저, 1643

《고금소총》, 작자 미상, 조선 후기

《고금주》, 최표 저, 중국 진나라 시대

《고려사절요》, 김종서 등 저, 1452

《국어국문학자료사전》, 편집부 편, 한국사전연구사, 1994

《기언》, 허목 저, 1689

《대동기문》, 강효석 저, 1926

《대동운부군옥》, 권문해 저, 1836

《동국여지승람》, 노사신, 강희맹 등 편, 1481

《동국이상국집》, 이규보 저, 1241

《동국통감》, 서거정 등 저, 1485

《동명집》, 김세렴 저, 1737

《동문선》, 서거정 등 저, 1478

《동사강목》, 안정복 저, 1778

《면암집》, 최익현 저, 1908

《백호전서》, 윤휴 저, 1927

《산림경제》, 홍만선 저, 조선 숙종 연간

《삼국사기》, 김부식 등 저, 1145년

《삼국유사》, 일연 저, 고려 시대

《서계집》, 박세당 저, 조선 시대

《성호사설》, 이익 저, 조선 후기

《성호전집》, 이익 저, 조선 후기

《세종실록지리지》, 조선 조정, 1454

《송자대전》, 송시열 저, 1787

《사기정의》, 장수절 저, 736

《사문유취》, 축목 편, 중국 송나라 시대

《신증동국여지승람》, 이행 등 저, 1530

《어우야담》, 유몽인 저, 조선 중기

《열하일기》, 박지원 저, 1901

《오주연문장전산고》, 이규경 저, 19세기

《용재총화》, 성현 저, 1525

《용천담적기》, 김안로 저, 1525

《운양집》, 김윤식 저, 1914

《의림촬요》, 양예수 저, 16~17세기

《일본기략》, 작자 미상, 일본 헤이안 시대

《일성록》, 조선 조정, 조선 후기

《임하필기》, 이유원 저, 1871

《장백산 강지략》, 유건봉 저, 1908

《조선민담집》, 손진태 저, 1930

《조선왕조실록》, 조선 조정, 조선 시대

《중국 환상세계》, 시노다 고이치 저, 이송은 역, 동녘, 2000

《천예록》, 임방 저, 조선 후기

《청장관전서》, 이덕무 저, 1795

《청파극담》, 이륙 저, 1512

《치평요람》, 정인지 등 저, 1516

《한국고전용어사전》, 편찬위원회 저, 세종대왕기념사업회, 1991

《한국구비문학대계》, 한국정신문화연구원, 1978

《한국민족문화대백과사전》, 한국정신문화연구원, 1991

《한국민속신앙사전》, 국립민속박물관, 2011

《한국전통연희사전》, 전경욱 편저, 민속원, 2014

《화랑세기》, 김대문 저, 통일신라 시대

《해동역사》, 한치윤 저, 조선 후기

《해동잡록》, 권별 저, 1670

《한국 제주 역사 문화 뿌리학》, 김인호 저, 우용출판사, 1997

〈고분벽화에 나타난 고구려인의 삼족오 인식〉, 송미화 저, 2003

〈구미호 이야기의 서사적 성격과 교육적 의미 연구〉, 유선희 저, 2012

〈달토끼의 상징성 연구〉, 염원희 저, 2007

〈목랑고 - 도깨비의 어원고〉, 박은용 저, 1986

〈문양을 중심으로 한 고구려사신도 연구〉, 장은영 저, 1996

〈아기장수 설화에 나타난 공포와 그 현대적 지속에 대한 연구〉, 황승업 저, 2014

〈우리나라의 천지개벽신화〉, 비교민속학회 저, 1991

〈쥐 설화의 유형과 의미 연구〉, 이승희 저, 2003

〈한국 고전 서사 문학에 나타난 '두신'의 형상과 신적 성격〉, 정장순 저, 2015

〈한국 봉황도의 조형성 연구〉, 박현숙 저, 2009

한국 요괴 도감

초판 1쇄 발행 2019년 3월 21일   **초판 6쇄 발행** 2021년 5월 4일

지은이 고성배(물고기머리)
펴낸이 이승현

편집1 본부장 배민수
에세이2 팀장 정낙정
디자인 김태수

펴낸곳 (주)위즈덤하우스 **출판등록** 2000년 5월 23일 제 13-1071호
주소 경기도 고양시 일산동구 정발산로 43-20 센트럴프라자 6층
전화 (031)936-4000 **팩스** (031)903-3895 **홈페이지** www.wisdomhouse.co.kr

ⓒ 고성배, 2019

ISBN 979-11-89938-00-0 03910

• 이 책의 전부 또는 일부 내용을 재사용하려면 사전에 저작권자와
  (주)위즈덤하우스의 동의를 받아야 합니다.
• 인쇄·제작 및 유통상의 파본 도서는 구입하신 서점에서 바꿔드립니다.
• 책값은 뒤표지에 있습니다.

  이 도서의 국립중앙도서관 출판예정도서목록(CIP)은 서지정보유통지원시스템 홈페이지
  (http://seoji.nl.go.kr)와 국가자료공동목록시스템(http://www.nl.go.kr/kolisnet)에서
  이용하실 수 있습니다.(CIP제어번호: 2019006981)